上海市高水平地方高校“马克思主义理论”高水平优势学科建设经费资助

共生理论视角下的国际旅游治理：协同与共赢

杨茜茜◎著

吉林人民出版社

图书在版编目（CIP）数据

共生理论视角下的国际旅游治理：协同与共赢 / 杨茜茜著 . -- 长春 : 吉林人民出版社 , 2025. 6. -- ISBN 978-7-206-22131-6

Ⅰ . F590.84

中国国家版本馆 CIP 数据核字第 2025TF3072 号

责任编辑：王　斌
封面设计：王　洋

共生理论视角下的国际旅游治理：协同与共赢
GONGSHENG LILUN SHIJIAO XIA DE GUOJI LÜYOU ZHILI:XIETONG YU GONGYING

著　　者：杨茜茜
出版发行：吉林人民出版社（长春市人民大街 7548 号　邮政编码：130022）
咨询电话：0431-82955711
印　　刷：三河市金泰源印务有限公司
开　　本：787mm×1092mm　　1/16
印　　张：9.25　　字　　数：161 千字
标准书号：ISBN 978-7-206-22131-6
版　　次：2025 年 6 月第 1 版　　印　　次：2025 年 6 月第 1 次印刷
定　　价：78.00 元

序　言

习近平总书记关于做好旅游工作的重要批示强调，要以健全现代旅游产业体系为重点，以加快建设旅游强国为抓手，以旅游产业高质量发展为动力，做到行稳致远。旅游业是国民经济战略性支柱产业，即现代服务业的重要组成部分，是促进经济结构优化、传承弘扬中华文化、推动美丽中国建设、加强国际文化交流的重要领域和载体。在服务美好生活，促进经济发展，打造精神家园，展示中华形象，提升文明互鉴水平，推动旅游产业高质量发展等方面发挥了不可低估的作用。国际旅游的共生本质要求我们超越零和博弈思维，在马克思主义方法论指引下，构建兼具批判性、建设性与操作性的全球治理新范式，走向命运共同体的旅游治理新文明，这不仅是学术理论的突破尝试，更是对人类文明存续方式的深刻重构。

一、全球化背景下国际旅游的迅速发展及其重要性

进入 21 世纪，国际旅游成为全球规模最大的活动之一。旅游业是一个国家发展战略的核心部分，不仅有助于 GDP 的增长，更是创造就业机会的关键力量。

据世界旅游组织数据，全球国际游客人数从 20 世纪中叶的数千万人次，增长至如今每年超过 10 亿人次。旅游目的地覆盖范围不断扩大，从传统的欧美发达国家旅游胜地，延伸至亚洲、非洲、南美洲等众多新兴旅游国家和地区。越来越多的国家将旅游业作为重要的经济发展支柱，积极开发旅游资源，完善旅游基础设施，吸引国际游客。随着全球化和科技的进步，国际旅游方式不再局限于传统的跟团游。自由行、背包游、邮轮旅游、生态旅游、文化遗产旅游等新兴旅游方式不断涌现并快速发展。互联网和移动技术的普及，使得游客能够更便捷地获取旅游信息、预订旅游产品和服务，自主规划个性化的旅游行程。同时，一些主题旅游，如医疗旅游、体育赛事旅游、美

食旅游等也逐渐兴起，满足了不同游客多样化的旅游需求。国际旅游的迅速发展带动了相关产业的协同发展，形成了庞大且复杂的旅游产业链。除了传统的交通、住宿、餐饮、景区等行业，旅游购物、旅游娱乐、旅游金融、旅游教育等相关产业也得到了极大的拓展。如旅游纪念品的设计与生产、旅游演艺活动的开发、旅游保险和支付服务的创新，以及旅游专业人才的培养等，都随着国际旅游的发展而不断丰富和完善，进一步促进了旅游产业的繁荣。

国际旅游迅速发展的驱动因素包括：一是经济全球化的推动。经济全球化促进了国际贸易和投资的自由化，加强了各国之间的经济联系。企业跨国经营活动的增加，带动了商务旅游的发展。同时，随着全球经济的增长，人们收入水平提高，消费能力增强，有更多的资金用于旅游消费。此外，经济全球化也促使各国政府加强基础设施建设，改善交通条件，提高旅游服务水平，为国际旅游的发展创造了良好的硬件和软件环境。二是交通与通信技术的进步。航空运输的快速发展显著缩短了国际的时空距离，降低了旅行成本。大型客机的投入使用、航线的不断加密及廉价航空公司的兴起，使得国际旅行更加便捷和经济实惠。同时，高速铁路的跨国连接也为周边国家之间的旅游往来提供了便利。通信技术的进步，尤其是互联网和智能手机的普及，使得游客能够实时获取旅游信息，进行在线预订和沟通，极大地提升了旅游的便利性和体验感。旅游企业也能够通过网络平台进行全球营销和推广，拓展客源市场。三是政策支持与国际合作加强。各国政府普遍认识到旅游业对经济发展的重要性，纷纷出台优惠政策以支持旅游产业发展。如简化签证手续、设立旅游经济特区、给予税收优惠等措施，吸引国际游客。同时，在旅游领域的国际合作也日益紧密，签署旅游合作协议、开展联合旅游推广活动、共享旅游资源和信息等，共同推动国际旅游市场的繁荣。此外，世界旅游组织在全球范围内协调各国旅游发展政策，促进国际旅游行业的规范和可持续发展。四是文化交流与旅游需求转变。全球化促进了不同文化之间的交流与融合，人们对异国文化的好奇心和探索欲望不断增强。旅游成为人们体验不同文化、开阔视野的重要方式。同时，随着生活水平的提高，人们的旅游需求从单纯的观光游览向深度体验、文化学习、休闲度假等多元化方向转变。国际旅游能够满足人们对丰富多样文化体验的需求，因此受到越来越多人的青睐。

国际旅游作为一种综合性产业，能够带动多个相关产业的发展，对国民经济增长具有显著的拉动作用。游客在旅游过程中的消费，直接为旅游目的地带来可观的经济收入。同时，旅游产业的发展还能够创造大量的就业机会，从旅游服务人员到相关产业的从业人员，有效缓解了就业压力。据统计，旅游业每增加一个直接就业岗位，就能够带动多个间接就业岗位的产生。对于旅游接待国来说，国际旅游收入属于无形贸易收入，可以增加外汇储备，改善国际收支状况。特别是对于一些旅游资源丰富的发展中国家，国际旅游收入在其外汇收入中占有重要比重，成为平衡国际收支的重要手段之一。与此同时，国际旅游为不同国家和地区的人们提供了面对面交流的平台，促进了文化的传播与融合。游客在旅游过程中，亲身感受和体验目的地的文化、风俗、传统等，将自己国家的文化带到旅游目的地，同时也把目的地的文化带回本国，实现了文化的双向传播。这种文化交流有助于增进不同国家和民族之间的相互了解和理解，减少文化隔阂和误解。国际旅游的发展还使文化遗产的经济价值得到体现，促使各国更加重视对文化遗产的保护和传承。为了吸引游客，许多国家加大了对历史文化遗迹、传统建筑、民俗文化等的保护和修复力度，开发相关的文化旅游产品。这不仅有助于文化遗产的保护，也为传统文化的传承提供了新的途径和动力。

国际旅游的发展促进了旅游目的地基础设施的完善和公共服务水平的提高。为了满足游客的需求，当地政府会加大对交通、通信、卫生、安全等基础设施的投入，改善城市环境和居民生活条件。同时，旅游行业的发展也促使当地居民提高自身素质和服务意识，推动社会文明程度的提升。国际旅游带来了不同背景人群的聚集，促进了社会的多元化和融合。游客与当地居民的交流互动打破了地域和文化的界限，增进了彼此之间的友谊和信任。这种社会融合有助于构建和谐包容的社会环境，推动社会的稳定和发展。国际旅游作为民间外交的重要形式，能够增进各国人民之间的友好感情。通过旅游交流，人们能够以更加轻松、自然的方式了解其他国家的国情和人民生活，消除误解和偏见，为国家之间建立良好的外交关系奠定民意基础。许多国家将旅游交流作为外交活动的重要组成部分，通过旅游合作促进双边或多边关系的发展。一个国家丰富的旅游资源和良好的旅游环境能够吸引大量国际游客，展示国家的文化魅力、自然风光和社会发展成就，从而提升国家在国际上的知名度和美誉度。成功的旅游形象塑造有助于增强国家的软实力，在国际舞台上树立积极正面的国家形象，为国家的发展创造有利的国际环境。

世界旅游及旅游理事会（WTTC）解释了旅游业如何促进全球经济的发展和增长，2013年旅游和旅游业对全球经济总贡献升至GDP的9.5%（7万亿美元），增速超整体经济及金融、运输等主要部门，还创造近2.66亿个工作岗位，占全球岗位的1/10。世界旅游组织（UNWTO）的数据显示，2019年全球跨境旅游人次达15亿，旅游经济贡献占全球GDP的10.4%。这既展现了资本、人员与文化的全球流动，也揭示了国际旅游的深层共生属性。首先是经济共生，旅游产业链跨越国界形成“目的地—客源地—跨国公司”三位一体的经济依存网络。例如，加勒比海岛屿70%的GDP依赖旅游业（World Bank, 2018），其客源主要来自北美与欧洲。其次是生态共生。气候变化与生物多样性保护要求跨国协作，马尔代夫的“珊瑚礁修复计划”就依赖于国际科研资金与技术转移（Hughes et al., 2017）。最后是文化共生。旅游驱动的文化交互既可能催生“全球地方化”（Glocalization）创新（Robertson, 1995），也可能导致文化商品化危机，如巴厘岛传统仪式被简化为商业表演（Picard, 1996）。

然而，国际旅游的共生关系存在结构性失衡，20%的发达国家攫取80%的旅游收益（Harvey, 2005），发展中国家却承担生态成本，泰国玛雅湾因过度旅游导致生态系统崩溃后被迫关闭（Reuters, 2018）。全球化下，国际旅游成为新的增长点。但不和谐旅游事件频现，引发社会热议，甚至一度激化为游客与旅游业各类主体间的尖锐社会矛盾，游客与旅游主体行业间的冲突不断升级。仔细分析这些问题，不难发现其出现并非偶然。国际社会持续发展、全球经济发展方式多元、交流和合作方式多样化，这些背景和变化为国际旅游发展奠定了基础。然而，在时代发展进程中，区域、国家间交往活动的增多，并未在每个领域建立可供参照或规范行为的标准，部分领域的管理规范仍显单一，鲜有研究涉足或关注。近年来，国际旅游成为众多公众消遣娱乐的方式，旅游消费指数甚至被视为判断一个国家发展水平的重要指标，国际旅游模式成为新型产业代表模式，得到大力倡导。但国际旅游发展中的问题与困境，不仅暴露了旅游行业发展中的短板，更凸显了作为世界新兴产业代表的国际旅游，在运转机制、保障机制，以及监管体制机制等方面的缺陷与不足。这些问题进一步衍生出关涉国家形象、市民素质、教育文化及家庭教养等方面的讨论。

二、国际旅游治理面临的复杂挑战与传统治理模式的局限

国际旅游的蓬勃发展为世界各国带来经济、文化、社会等多方面效益的同时，也引发了一系列复杂问题，使得国际旅游治理成为全球治理体系的重要议题。传统治理模式在长期实践中形成了相对固定的框架和机制，但面对当前国际旅游发展的新趋势和新问题，其局限性逐渐显现。一是生态环境压力与可持续发展的困境。随着国际旅游规模的不断扩大，对旅游目的地的生态环境造成了巨大压力。大量游客的涌入导致自然资源过度消耗，如水资源短缺、能源消耗增加等问题日益突出。同时，旅游开发建设过程中，不合理的规划和建设活动破坏了当地的生态系统，造成植被破坏、生物多样性减少等后果。此外，旅游活动产生的废弃物，包括固体垃圾、污水排放等，若处理不当，会对土壤、水体和大气环境造成污染。实现旅游发展与生态环境保护的平衡，推动国际旅游的可持续发展，成为国际旅游治理面临的严峻挑战。二是文化冲突与文化遗产保护难题。国际旅游促进了不同文化之间的交流，但也不可避免地引发了文化冲突。游客的行为习惯、价值观念与当地文化存在差异，可能导致对当地文化习俗的不尊重甚至冒犯，引发文化矛盾和冲突。同时，过度商业化的旅游开发可能使当地文化遗产和传统民俗文化失去原真性和独特性，沦为迎合游客需求的表演性文化。此外，在文化遗产保护方面，国际旅游的快速发展使得文化遗产面临更多人为破坏的风险，且不同国家在文化遗产保护理念、技术和标准上存在差异，难以形成统一有效的保护机制，加大了文化遗产保护的难度。三是旅游安全保障体系不完善。国际旅游涉及跨国旅行，游客在境外面临着多种安全风险，包括自然灾害、社会治安、恐怖袭击等。由于不同国家的法律制度、安全管理体系和应急救援能力不同，游客在遇到安全问题时难以获得及时有效的帮助。此外，旅游市场中还存在欺诈、强迫消费等不规范行为，损害游客的合法权益。建立统一、高效的国际旅游安全保障体系，加强各国在旅游安全领域的合作与协

调，成为国际旅游治理的重要挑战。

2023 年，受高通胀、高利率和地缘冲突等因素影响，全球经济增速并不尽如人意。国际货币基金组织（IMF）最新发布的《世界经济展望》显示，2023 年全球经济增速为 3.2%，较上年的 3.5% 有所下降，2024 年将继续保持在 3.2% 的水平，远低于 2000—2019 年 3.8% 的平均增速。尽管全球经济前景相对暗淡，但在国际组织、各国政府、行业机构、旅游企业及数以亿计旅游者的共同推动下，全球旅游复苏态势颇为乐观，2024 年有望迎来新突破。依据《世界旅游趋势经济报告 (2024)》，2023 年包括国内游和国外游在内的全球旅游总人次和总收入恢复到 2019 年的 87.4% 和 94.8%，2024 年将分别达到 2019 年的 103.9% 和 139.6%。

《中国入境旅游发展报告 (2023—2024)》显示，2024 年中国入境旅游市场向好态势延续，市场结构不断优化，游客对服务质量认可度提升，新动能集聚。同期发布的《中国出境旅游发展报告 (2023—2024)》指出，2023 年中国出境旅游人次超 8700 万，预计 2024 年将达 1.3 亿。访谈调研显示，出境旅游中受访者更关注交通便利性与当地物价，期待新奇体验，青睐生态优美和有特色美食的目的地，“旅游热、私家团、定制游”等关键词彰显了中国旅游的变化。随着全党全国各族人民实现第一个百年奋斗目标，中国全面建成小康社会，在“一带一路”的推动下，入境旅游加速发展，旅游效益显著提升，经济富足的中国家庭也将出境游提上日程，世界旅游业蓬勃发展。

当然，不可避免的特殊因素会对整体旅游业的发展造成影响，最为典型的有全球性灾害、汇率等客观因素。尽管如此，这些外部因素的影响也是短期性的，经济发展所带来的精神追求和物质性条件供给，随着“干扰因素”或称“障碍因素”排除后，旅游业会日渐复苏。值得注意的是，一系列问题也随之而来，需要我们正视并进行研究。现行国际旅游治理体系存在“双重失灵”困境：一是国际法缺位。目前尚无具有强制约束力的全球旅游公约，现有框架如《全球旅游伦理规范》(1999）缺乏执行机制，导致“公地悲剧”频发。例如，南极旅游虽受《南极条约》约束，但成员国对游客规模管控存在显著分歧（Bastmeijer & Roura, 2004）。二是国内法存在冲突与限制。各国法律在劳工权益、环境标准等领域存在差异。以邮轮产业为例，巴哈马籍邮轮适用该国宽松的劳动法，船员时薪仅为欧盟同类岗位的 1/3（ILO,

2019）。三是私权力扩张。根据 Airbnb、Booking.com 等平台企业显示，通过算法定价重构城市空间权力，巴黎等城市出现“旅游绅士化”现象，本地居民住房权遭受侵害（Gurran & Phibbs, 2017）。

从价值创造的角度来看，国际旅游得益于全球化带来的诸多便利。各国独特的自然风光、历史文化和人文风情，通过全球旅游网络展示在世界游客面前。游客跨越国界，亲身体验不同的生活方式，这不仅丰富了个人的精神世界，也为各国创造了可观的经济收益。旅游业的发展带动了交通、餐饮、住宿、购物等相关产业的繁荣，创造了大量的就业机会，促进了各国经济融合。例如，法国埃菲尔铁塔、埃及金字塔、中国长城等著名景点，每年吸引数以百万计的国际游客，带来了丰厚的外汇收入，同时提升了国家的国际知名度和影响力。

传统国际旅游治理模式主要以政府为核心治理主体，其他利益相关者如旅游企业、社会组织、游客等参与度较低。政府在制定旅游政策和规划时，忽视其他利益相关者的需求和意见，导致政策和规划的实施效果不佳。在面对复杂的国际旅游问题时，单一的政府主体难以全面掌握信息和资源，缺乏足够的灵活性和适应性，无法有效协调各方利益，难以形成治理合力。传统治理模式下，各国在国际旅游治理方面各自为政，缺乏有效的协同合作机制。不同国家的旅游政策、法规和标准存在差异，导致在跨境旅游管理、纠纷处理等方面难以实现有效对接。

然而，法治真空如同隐匿的毒瘤，正逐渐侵蚀国际旅游的公平根基。因缺乏统一、完善的国际旅游规则，各国在旅游市场的利益分配严重失衡。部分发达国家凭借强大的经济实力和旅游基础设施，主导国际旅游市场，获取了大部分利益。发展中国家虽然拥有丰富的旅游资源，但在旅游规则制定、市场推广、服务质量提升等方面处于劣势，收益微薄。这种利益分配不公现象，打击了发展中国家发展旅游业的积极性，导致国际旅游市场的畸形发展。在法治真空环境下，游客权益难以得到有效保障。不同国家的法律法规差异较大，对旅游合同、消费者权益保护、旅游安全等规定各不相同。游客境外遇到旅游服务质量不达标、旅游纠纷难以解决、旅游安全事故等问题时，常面临维权困境。这既影响了游客的旅游体验，也削弱了游客对国际旅游市场的信心。

此外，法治真空还致使国际旅游市场中的不正当竞争频发。一些旅游企业为追求利润最大化，采用虚假宣传、低价竞争、强迫消费等手段揽客。这些行为损害游客的合法权益，破坏国际旅游市场正常秩序，影响整个行业声誉。法治真空使国际旅游陷入“共生悖论”：一方面借全球化实现价值创造；另一方面因规则缺失加剧利益分配不公，影响国际旅游的健康发展。

在国际旅游合作中，各国之间往往缺乏统一的规划和协调，存在重复建设、资源浪费等问题。同时，国际旅游治理涉及多个部门，如交通、卫生、安全等，但部门之间职责不清、沟通不畅，难以形成协同治理的局面，降低了治理效率。传统治理模式主要依赖行政手段和法律手段进行国际旅游治理，经济手段和技术手段应用不足。随着信息技术的快速发展和国际旅游市场的不断变化，传统的治理手段难以适应新的治理需求。如在旅游市场监管方面，传统的人工巡查和纸质档案管理方式难以有效应对网络旅游欺诈、虚假宣传等新型问题。此外，传统治理模式缺乏对大数据、人工智能等新技术的应用，无法及时获取和分析旅游市场动态信息，难以实现精准治理和科学决策。传统国际旅游治理模式以促进旅游经济增长为主要目标，对旅游的社会、文化和生态效益关注不足。旅游开发往往过度追求经济效益，忽视对生态环境的保护和文化遗产的传承，导致旅游发展不可持续。同时，传统治理理念缺乏对全球旅游发展趋势的前瞻性认识，未充分考虑数字化、智能化等新技术对国际旅游治理带来的机遇和挑战，难以适应国际旅游发展的新形势。

因此，要破解国际旅游的“共生悖论”，构建公平、有序的国际旅游市场，强化国际旅游法治建设刻不容缓。各国需携手合作，共同制定统一的国际旅游规则，明确旅游市场中各方的权利和义务，规范旅游企业的经营行为，保障游客的合法权益。同时，各国应加强旅游市场监管，建立健全旅游投诉处理机制，及时化解旅游纠纷，维护旅游市场的正常秩序。国际旅游在依托全球化实现价值创造的进程中，必须摆脱法治真空的束缚，解决利益分配不公的问题。唯有如此，国际旅游方能真正实现可持续发展，成为促进各国友好交流、经济繁荣的重要力量。否则，国际旅游将持续深陷“共生悖论”，难以发挥应有作用，甚至可能引发更多国际矛盾和冲突，阻碍全球旅游业的健康发展。

目录

第一章　共生理论概述

共生理论源于生物学领域，之后被广泛应用于社会科学、经济管理等多个领域。在这些领域中，共生理论被用以阐释不同主体间通过资源共享、优势互补和协同合作以实现共同发展和竞争优势的现象。共生理论的核心在于强调不同主体间的相互依存和协同演化，通过遵循相互补充、公平合作和共同成长的原则，实现对称互惠和一体化的共生模式。共生理论为我们理解复杂系统中各要素间的相互关系提供了一种新的视角，也为解决现实世界中的各种问题提供了有益的启示。

第一节　共生理论的起源与发展

一、共生理论的科学起源

在自然界中，共生是由两种或两种以上不同的生物在竞争生存空间的过程中所形成的一种互惠互利、相互依存的关系，两者在生存空间的竞争中是相互促进、相互依赖。[1]共生理论最早由德国微生物学家安东尼·德贝里于1879年在观察真菌与藻类共生的现象后经研究提出，用以描述存在和发展共生关系的外生条件。[2]其核心突破在于揭示了“异质生命体的持续性物质交换”。这一发现颠覆了达尔文进化论的竞争主导论，将生物进化的驱动力拓展至协同维度。

美国生物学家林恩·马古利斯（Lynn Margulis）的内共生学说实现了范式革命，线粒体和叶绿体源于古细菌的共生融合，该发现将共生机制提升为

---

❶ 朱生东．基于共生理论的古村落遗产旅游整体开发模式研究——以西递为例 [J]．中南林业科技大学学报（社会科学版），2015,9(04)：33—43.

❷ 吴泓，顾朝林．基于共生理论的区域旅游竞合研究——以淮海经济区为例 [J]．经济地理，2004,24(1)：104—109.

生命起源的本体论解释。这种从现象描述到进化机制的跃迁，为跨学科移植提供了方法论模板。共生单元间相互影响的方式或相互结合的形式，是以两个生物体间的共生关系构成物质联系的。经布克纳、范明特等不断深入研究，共生概念扩展到寄生与共栖领域，并形成共生学说。1970 年，美国生物学家玛格丽特提出“细胞共生学说”，从生态学角度重新定义共生，强调不同生物在不同生活周期中的联合。

随着理论的发展，共生现象从自然生态系统扩展到人类社会。1997 年，国际共生概念成立，推动了多领域共生理论的发展。共生体包含共生体、共生体基质、共生体界面和共生环境四个部分。共生体是基本能量生产交换单位。亲近度、同质度、关联度、共生维等特征在共生单元分析中，反映七个指标。综上，共生理论是按照某种共生模式，在一定的共生环境下形成的共生单元之间的关系，用于分析人与人、人与自然、企业与企业之间的相互依存关系。❶

二、在社会科学领域的演进

20 世纪初，共生概念从生物学引入到社会科学。法国社会学家杜尔凯姆率先将其用于社会学研究，分析社会群体间的相互依存和共同进化。共生理论自此从生物学隐喻发展为复杂社会系统的分析范式，实现了从生物现象到进化机制、从定性描述到定量建模、从工具理性到生态理性的高阶跨越，完成了本体论突破、方法论创新、价值论重构的三重跃迁。在社会科学各领域共生理论应用广泛，如产业经济学中分析企业间合作关系、管理学中探讨产学研合作、社会学中研究城乡关系等，为解决复杂社会问题提供了新思路。共生理论正在解构传统的主客体对立范式，塑造基于协同进化的新型认知图景。

在社会科学语境下，共生理论作用于社会科学应用前沿。共生能量以社会资本增值、知识溢出效应等非物理形态呈现。东京大学研究表明，创新集群中的企业共生网络可使研发效率提升 40%，验证了“共生剩余值”的存在性。传统理论中的地理邻近、制度耦合等界面介质，正在被数字孪生、元宇宙空间等虚拟界面替代。MIT 媒体实验室的“神经共生界面”实验表

❶ 袁纯清. 共生理论——兼论小型经济 [M]. 北京：经济科学出版社，1998:1—30.

明，人机认知协同效率可达纯人工处理的3.2倍。全球价值链中的“微笑曲线”实质是共生能量分配的拓扑映射。华为的“5G生态圈”战略表明，核心企业可通过技术标准控制捕获78%的共生能量，颠覆了传统对称共生假设。人工智能伦理的构建也运用了共生框架，Deep Mind的“人类偏好共生模型”（HPSM）运用逆向强化学习，使AI系统在价值对齐过程中保持认知开放性。这种动态共生机制解决了价值固化与道德进步的悖论。总的来看，共生理论在社会科学领域的演进经历了以下三个重要阶段。

第一，隐喻移植阶段（20世纪中叶）。帕克的“人类生态学”首次将共生引入城市社会学，生物学概念简单类比。日本学者尾关周二的《共生的理想》用哲学语言阐述社会现象，分析日本社会人际交往中相互依赖又彼此独立的现实，遗憾的是最终陷入了东方文化特殊论的困境。

第二，概念工具化阶段（20世纪90年代）。构建了相关分析框架。中国学者袁纯清于1998年将共生理论用于小型经济研究中，共生理论成为定量化的社会系统分析工具。构建“连续互惠——对称性分配”分析模型，这一阶段的理论突破体现在构建了包含共生单元（Unit）、共生模式（Mode）、共生环境（Environment）的三维框架（UME模型）。

第三，数字时代范式阶段（21世纪）。平台资本主义催生“数据共生体”概念，用户、企业、算法构成新型共生界面。区块链技术的智能合约创造了去中心化的共生机制，传统共生理论中的“界面介质”被代码规则重构。

第二节　共生理论的核心概念与内涵

共生理论为我们提供了一种全新的思考方式，即强调合作与共赢，而不是对抗与竞争。

一、共生单元

共生单元是共生系统的基本组成单位，指具有共同的利益、目标或功能、有共同特征或相互依存关系的主体，如组织、社区、企业、个人等，可以是自然人、法人或其他组织。共生单元之间存在着彼此依存、合作、竞争的关系是共生系统的核心。共生单元共享资源，包括物质资源、信息资源、人力资源等。共生单元有共同的目标，如共同发展、共同盈利、共同解决社会问题等。在前人对共生理论的研究中，对共生单元的描述通常采用两个指标：一为质参量，由一组决定共生单元内在性质及其变化的因素组成，用于反映共生单元的内部特征，质参量的变化通常会引起共生单元的突变。二为象参量，由一组反映共生单元外部特征的指标组成，主要用于描述共生单元的性状和表现，其变化通常不会引起共生单元突变。任何共生单元都同时具有质参量和象参量两个指标，二者相互影响，一方的积累变化都会对另一方造成影响，引起相应的变化。它们之间的这种相互影响和作用是共生体内各个共生单元存在和发展的基本动力，也是共生体共生关系形成和发展的内在依据和基本条件。以下是几个典型案例。

1. 城乡融合背景下的镇村共生单元——成渝地区镇村共生单元划定与空间格局优化

成渝地区借鉴共生理论构建城乡融合共生系统，从区域、县域、单元三个尺度搭建“城乡融合共生模式判别—镇村共生单元划定—镇村空间格局优化”研究框架。先评价城乡融合发展的外部动力和内部动力，再划分县域城乡融合共生模式。乡镇间的功能关系、等级关系、邻近关系等融合共生关系，根据识别结果将县域范围内的乡镇划分为若干个不同类型的镇村共生单元。最后针对不同类型的镇村共生单元，制定差异化的发展路径，从等级体系、空间结构、功能布局和设施配置四个方面优化镇村空间格局。

2. 社区“五社联动”共生单元——苏州市狮山街道“五社联动”创新实践

在国家推进基层治理现代化的背景下，苏州狮山街道借助共生理论，推动治理模式从“三社联动”向“五社联动”转变。构建支持“五社联动”的生态环境，通过界定不同类型主体的角色与职责，实现多元参与者的顺畅协同。以项目为依托，搭建多主体互动共享平台，促进多元主体协同合作。

3. 乡村景观共生单元——川西乡村景观设计策略研究

乡村景观是乡村振兴的关键，能平衡乡村空间价值、发挥乡村生态功能、塑造乡村独特形象。基于共生理论，梳理乡村景观的共生要素，探究耦合关系。根据产业类别形成以农业为主的第一产业、以加工业为主的第二产业和以旅游服务为主的第三产业的景观单元。村民生活相关活动要素形成有形聚落空间要素和无形文化风貌。构建生态共生单元需依托生态资源环境的多样化、联合性及可持续发展特征，激活乡村景观的生态价值。

二、共生模式

指共生单元相互作用的方式或相互结合的形式，它既反映共生单元之间作用的方式，也反映作用的强度。既反映共生单元之间的物质信息交流关系，也反映共生单元之间的能量互换关系。根据共生单元之间利益、信息的交流和联系方式的不同，可将共生模式分为共生组织模式和共生行为模式。共生的组织模式包括点共生模式、间歇共生模式、连续共生模式和一体化共生模式。其概念、特征等要素对比如表1–1所示。共生的行为模式包括：寄生、偏利共生、非对称性互惠共生和对称性互惠共生。其概念、特征等要素对比如表1–2所示。

表1–1　共生组织模式要素对比

	点共生模式	间歇共生模式	连续共生模式	一体化共生模式
概念	在某一特定时期共生单元具有一次相互作用； 共生单元只有某一方面发生作用； 具有不稳定性和随机性。	某种时间间隔内，共生单元之间具有多次相互作用； 共生单元只在某一方面或少数方面发生作用； 共生关系有某种不稳定性和随机性。	在一封闭时间区内共生单元具有连续的相互作用； 共生单元在多方面发生作用； 共生关系比较稳定且具有必然性。	共生单元在封闭的时间区间内形成具有独立性质和功能的共生体； 共生单元存在全方位的相互作用； 共生关系稳定且具有内在必然性。
共生界面特征	界面生成具有随机性； 共生介质单一； 界面极不稳定； 共生专一性水平低。	界面生成既有随机性也有必然性； 共生介质较少，但包括多种介质； 界面较不稳定； 共生专一性水平较低。	界面生成具有内在必然性和选择性； 共生介质多样化且有互补性； 界面比较稳定； 均衡时共生专一性水平较高。	界面生成具有方向性和必然性； 共生介质多元化且存在特征介质； 界面稳定； 均衡时共生专一性水平高。
开放特征	对内开放度较低，对外开放程度较高，共生单元更依赖于环境。	对内开放度和对外开放度相当，共生单元有时依赖环境，有时依赖共生关系。	对内开放度高于对外开放度，共生单元更多地依赖共生关系。	对外开放度远远高于对外开放度，共生单元主要依赖共生关系。

续表

	点共生模式	间歇共生模式	连续共生模式	一体化共生模式
分配特征	共生组织行为模式的分配特征取决于共生行为模式：1. 寄生关系中，不存在共同的物质或能量生产和交换，表现为寄主向寄生者单方面的物质或能量转移。2. 偏利共生关系中，共生单元之间存在共同的物质或能量生产和交换，但物质或能量分配完全集中于某一方，另一方没有损失。3. 非对称性共生关系中，共生单元之间不仅存在共同的物质和能量生产和交换过程，而且存在非对称性的物质和能量分配。4. 对称性共生关系中，共生单元之间以共同的物质或能量的生产和交换为基础，同时存在共生单元之间对称性的物质或能量分配。			
共进化	事后分工； 单方面交流； 无主导共生界面。	事中事后分工； 少数方面交流； 无主导共生界面。	事中事后分工； 多方面交流； 可能形成主导共生界面。	事前分工为主，全线分工； 全方位交流。

表 1–2　共生行为模式要素对比

	寄生	偏利共生	非对称性互惠共生	对称性互惠共生
单元特征	一般而言，寄主在形态上大于寄生者； 同类单元亲近度要求高； 异类单元只存在单向关联。	形态方差可以较大； 同类单元亲近度要求高； 异类共生单元存在双向关联。	形态方差较小； 同类单元亲进度存在明显差异； 异类共生单元之间存在双向关系。	形态方差趋近于0； 同类单元亲近度相同或相近； 异类共生单元之间存在双向关联。
能量特征	不产生新能量； 存在寄主向寄生者能量转移。	产生新能量； 一方获得全部新能量，不存在新能量的广谱分配。	产生新能量； 存在新能量的广普分配； 广普分配按非对称机制进行。	产生新能量； 存在新能量的广普分配； 广普分配按对称机制进行。
作用特征	寄生关系并不一定对寄主有害； 存在寄主与寄生者的双边单向交流机制； 有利于寄生者进化，而一般不利于寄主进化。	与一方有利而对另一方无害； 存在双边双向交流； 有利于获利方进化创新，对非获利方进化无补偿机制时不利。	存在广谱的净化作用； 不仅存在双边双向交流，而且存在多边多向交流； 由于分析机制的不对称性，导致进化的非同步性。	存在广普的进化作用； 既存在双边交流机制，又存在多边交流机制； 共生单元进化具有同步性。

三、共生环境

共生环境是共生系统中影响共生单元生存发展的外部条件总和。它为共生单元提供生存空间、资源支持和发展机遇，同时约束共生单元的行为和互动方式。共生环境具有以下特征：①动态性。随着社会、经济和自然环境的变化而不断变化，需共生单元不断适应和调整策略。②复杂性。包括自然环境、社会文化环境、政策法规环境和经济环境等多个层面，相互交织成复杂的系统。③关联性。各要素间存在密切关联，一个要素的变化会引发连锁反应，影响整个共生系统。

共生环境由自然环境、社会文化环境、政策法规环境和经济环境四要素构成。一是自然环境。包括：①地理环境。即地理位置、地形地貌、气候条件等。例如，山区地形地貌影响旅游基础设施建设和游客体验。②生态资源。即森林、草原、河流、湖泊等生态系统。例如，生态旅游项目可以带动当地经济发展。③自然资源。即土地、水资源、矿产资源等。例如，利用地热资源开发温泉旅游项目。二是社会文化环境。包括：①社会制度。即国家和地方政府的政治体制、法律法规、政策制度等。例如，政府的旅游扶持政策可以促进旅游企业的创新发展和社会资本的进入。②文化传统，即历史文化、民俗风情、宗教信仰等，这些文化元素能丰富旅游产品内涵，提升旅游吸引力。例如，云南丽江的纳西族文化吸引了大量国内外游客。③社会氛围，即社会稳定性、居民素质、社会风气等。三是政策法规环境。包括：①国家政策。国家层面的旅游发展政策、产业政策、环境政策等。例如，国家的乡村振兴战略为乡村旅游的发展提供了政策支持。②地方政策。即地方政府制定的旅游发展规划、土地利用政策、税收优惠政策等。③国际法规，即国际旅游组织制定的旅游法规和标准。例如，世界旅游组织发布的《旅游可持续发展指南》等文件对国际旅游市场的规范和指导具有重要意义。四是经济环境。包括：①宏观经济环境，即全球和国内的经济发展状况、经济形势等。良好的宏观经济环境可以促进旅游投资和消费升级，推动旅游产业的发展。②行业经济环境，即旅游行业的市场规模、竞争状况、发展趋势等。旅游企业需要关注行业动态，制定相应的市场策略以适应行业变化。③区域经济环境，即特定区域的经济发展水平、产业结构、就业状况等。

四、共生的条件

共生的发生需要满足一定条件，这就是所谓的共生条件。对共生条件的分析，可以帮助我们弄清共生是如何发生的。共生的条件通常包括以下几个方面。

第一，共生的必要条件。一是候选共生单元之间至少有一组质参量兼容，即存在某种对应关系，质参量可以相互表达。二是候选共生单元之间至少能生成一个可以自由活动的共生界面。三是同类同代共生单元的同质度、同类异代共生单元的亲近度、异类共生单元之间的关联度都应不小于某一临界值，这样共生关系才可能发生。

第二，共生的充分条件。一是共生的必要条件是共生关系产生的基础，但只要必要条件成立，共生并不必然发生，要真正实现共生还需要三个充分条件。一是候选共生单元之间能通过共生界面顺利地进行物质、信息和能量的交流。二是候选共生单元通过共生界面的相互作用能够产生新能量，这种新能量能够用共生能量函数表示。三是候选共生单元通过共生界面不断进行相互间的信息交流和积累，其交流和积累信息的过程就是共生的识别过程，当 A 和 B 任一方关于对方的信息量积累，即信息丰度达到一定临界点时，共生的识别过程宣告完成。

第三，共生的均衡条件。共生的必要条件和充分条件是共生的静态条件，它表明共生的形成。要分析共生现象的发展和优化，还需要关注共生的动态条件，即均衡条件和稳定条件。

一是共生维度均衡条件。共生界面的存在保证了共生过程能够增加新能量，即共生利益，但由于共生维度的界面大小、介质特性、界面种类和共生模式等因素，导致在产生新能量的同时也将产生损耗，当共生单元维度增加，边际共生利益和边际共生损耗相等时，我们称共生达到维度均衡。此时，共生维度增加所带来的净共生利益的增加值为零，整个共生系统的共生利益达到最大值。二是共生密度均衡条件。通常情况下，任何种类的共生单元即使具备共生的所有条件，其数量也不能无限增加，因为共生单元密度的增加会导致共生利益和共生损耗同时增加，因此，当共生单元密度增加从而导致边际共生利益和边际共生损耗相等时，我们称共生达到密度均衡。此时，共生密度增加所带来的净共生利益的增加值为零，整个共生系统的共生利益达到最大值。

第四，共生的稳定条件。共生系统实现总量均衡并不意味着共生系统稳定，共生系统的稳定与否主要取决于共生的内部结构。[1] 一是共生稳定的匹配条件。反映共生单元质参量之间的内在必然联系。包含两个层次：在给定的信息状态下，亲近度最高的同类共生单元之间或关联度最大的异类共生单元之间的共生最稳定。在不完全信息条件下，信息丰度最高的共生单元将最先进入共生系统，随后，亲近度或关联度较高的共生单元将替代亲近度或关联度较低的共生单元。二是共生稳定的分配条件。稳定的共生关系，必须保证在共生过程中的投入和产出分配或者损耗和能量分配要达到一个均衡的状态，保证这种均衡得以实现的分配条件即为共生稳定的分配条件。

五、共生的基本原理

共生理论具有协同演化的整体性思维。共生理论突破传统竞争范式，强调系统内各主体并非孤立存在，而是通过非线性相互作用形成有机整体。如生态系统中物种间的协同进化，以及产业集群中企业间的知识共享与创新协同，均体现了“共生单元—共生关系—共生环境”的动态耦合。共生理论是一种利益均衡的共生能量机制。共生关系的维系依赖于共生能量的产生与分配。共生能量是指通过合作创造的额外收益，如生物共生中的代谢互补收益、企业联盟中的规模经济等。按照公平的利益分配机制，其分配格局决定了共生关系的可持续性。如按贡献度分配资源，即避免共生关系破裂的关键。共生理论是一种适应性进化的动态过程。

共生系统具有自组织性，在环境压力下，共生主体通过学习、变异或重组共生界面，实现从低级到高级的演化。人类社会中产学研合作模式从简单项目协作向创新生态系统的升级，体现了共生模式随技术与制度环境变化的适应性调整。共生理论是一种多元共生的生态位原理。共生主体通过占据独特的生态位实现差异化共存，避免因资源竞争导致的排他性。在社会系统中，生态位理论表现为组织的专业化分工，如产业链中上下游企业的功能定位，通过互补性协作提升系统整体效能。共生系统赖以形成和发展的基本规

① 袁纯清．共生理论：兼论小经济 [M]．北京：经济科学出版社，1998:21.

则，反映的是共生系统形成和发展中的内在必然联系。共生的基本原理是对共生现象进行分析的基本依据和框架。

从质参量兼容原理来看，候选共生单元的质参量之间可以相互表达。质参量兼容反映了共生单元之间的本质属性，是识别共生单元之间是否存在共生关系的基本依据，质参量兼容的方式决定了共生模式，如企业 A 和企业 B 形成共生关系，质参量兼容可以表现为 A 和 B 之间的技术互补、产品供需关系匹配等。质参量随机性兼容对应点共生模式，不连续的因果性兼容对应间歇共生模式，连续的因果性兼容对应连续共生模式或一体化共生模式。

从共生利益形成原理来看，共生的过程能够生成新能量是共生重要的本质特征。共生能量是共生单元通过共生界面作用所产生的物质成果，是共生系统及共生单元质量提高和数量扩张的前提条件，不产生共生能量的共生系统不能增殖和发展。对人类社会中的共生个体或共生组织而言，共生能量的生成表现为生存能力和增殖能力增强，经济领域中企业经济效益提高经济规模扩大和经营范围拓展等。

从共生界面选择原理来看，共生界面的选择机制不仅决定共生单元的数量和质量，而且决定共生能量的生产和再生产方式。当共生界面对共生对象进行选择时，在不完全信息条件下采用竞争性选择规则，通过竞争来实现信息“曝光”，提高信息丰度。在完全信息条件下，采用非竞争性的亲近度规则和关联度规则，即亲近度最高的同类共生单元之间或关联度最大的异类共生单元之间的共生最容易实现稳定。

从共生系统进化原理来看，进化是共生系统的本质。共生单元之间的相互作用导致彼此的生存能力和增殖能力提高，就是共生系统进化的体现。而生物共生理论研究的大量证据表明，对称性互惠共生代表着共生系统进化的一致方向，是生物界和人类社会进化的终极目标和根本法则。

以上对作用于共生系统的四个基本原理进行简要阐述，如表 1–3 所示，这些原理是在对共生系统深入分析研究后得出的研究结论，能够较全面地反映共生系统产生和发展的基本规律，运用这些原理我们能够对共生对象、共生关系进行更为深入和全面的剖析和研究，并为社会共生系统的识别、设计与构造提供较为完善的理论基础。

表 1-3　共生的基本原理比较

	关键概念	基本思想	主要作用
质参量兼容原理	共生单元的质参量可以相互表达的特性称质参量兼容。	质参量兼容与否决定共生关系形成的可能性。质参量兼容的方式决定共生模式。	共生条件识别，共生模式。
共生能量生成原理	共生过程能够生成新能量是共生重要的本质特征。共生能量是共生过程产生的物质成果。	共生能量是共生系统及共生单元质量提高和数量扩张的前提条件。共生能量能否形成取决于共生系统的全要素共生度。	共生系统识别，共生能量最大化路径设计。
共生界面选择原理	r 选择是指全部能量用于共生单元增殖的使用选择；k 选择是指全部能量用于共生单元质量改进的使用选择。	共生对象的选择在不完全信息条件下采用竞争性选择规则，在完全信息推荐下采用非竞争性的亲近度规则和关联规则。共生能量的选择在完全非密度制约下采用 r 选择规则，在完全密度制约下采用 k 选择规则。	共生对象选择，共生能量使用选择。
共生系统进化原理	进化是共生系统的本质，对称性互惠共生是共生系统进化的一致方向。	对称性互惠共生是共生系统性进化的一致方向，是共生系统进化的根本法则。	进化状态识别，掌握进化的阶段和路径，促进进化。

六、共生理论的分析方法

共生理论分析的基本逻辑就是通过对各类共生现象的剖析来弄清共生的客观规律，揭示各共生要素之间的必然联系。共生理论的基本分析方法有以下几种。

第一，共生度分析方法。共生度指的是两个共生单元之间质参量变化的关联度，反映的是两个共生单元质参量相互影响的程度。对共生度的分析是共生理论分析中最基本的方法。通常情况下，我们以一个共生单元质参量变化率引起的另一个共生单元质参量的变化率来测算两个共生单元之间的共生度。如果两个共生单元质参量相互影响的变化率相等且大于0，则我们判定二者处于正向对称性共生状态；如果不相等，但均大于0，则我们判定二者处于正向非对称性共生状态；反之，如果两个共生单元质参量相互影响的变化率相等且小于0，则我们判定二者处于反向对称性共生状态；如果不相等，但均小于0，则我们判定二者处于反向非对称性共生状态。

第二，共生界面分析方法。对共生界面的分析主要涉及三个参数：一是共生界面特征系数 λ，$\lambda \in [0,+\infty]$，反映其效率特征和阻尼特征。二是共生界面能量使用选择系数 β，$\beta \in [0,+\infty]$ 反映其发展特性。三是共生界面非对称分配因子 $\alpha, \alpha \in [-1,0]$，反映其分配特性，当 $\alpha=0$ 时表示共生系统完全对称分配。

第三，共生模式分析方法。前面详细论述过共生系统的两种模式：一是共生组织模式，侧重反映共生单元之间相互作用的组织方式。二是共生行为模式，侧重揭示共生系统各单元之间相互作用的行为类别。共生模式分析方法就是通过运用共生理论分析判断识别共生关系究竟属于哪一种共生模式的过程。除此之外，共生理论分析的方法还有共生系统分析方法、质参量分析方法、数理分析方法等，这些方法均是对共生现象进行深入研究和探索的有力工具。

第三节　共生与旅游研究

关于旅游共生关系的研究，主要体现在将共生理论应用到旅游区可持续发展评价、旅游利益相关者分析、旅游资源整合、旅游产品开发、乡村旅游、民族地区旅游发展、旅游企业进化问题、产业链及产业集群共生问题等方面，研究成果最为集中的是将共生理论用于国内不同行政区域旅游的合作问题，而将共生理论运用于跨国界区域旅游合作则不多见。

一、旅游共生概念的提出

由于旅游业的迅猛发展，旅游市场也逐渐由卖方市场向买方市场转变，导致旅游行业竞争加剧。同时，随着游客观念的个性化和多样化特点日渐突出，市场环境更加变幻莫测，商业机会转瞬即逝，给旅游行业的发展带来了前所未有的挑战。打破原来生死存亡的“零和”竞争模式，以合作争取市场份额，已成为各旅游地或旅游企业的共识。而“共生”是最能有效获得“双赢”的合作方式。国内最早提出旅游共生概念，来自钟俊2001年发表的文章，他提出共生是旅游发展的新思路，解释旅游共生的含义和特质，并提出旅游共生形式和实施措施。学术界对旅游共生的含义目前有两种表述：

一是指旅游地区内和区际间出于对整个（或局部）市场的预期目标和总体经营目标的意愿而自愿采取的一种合作的经营方式，其能够促进共生单元（旅游地或企业）竞争力的增强，包括同质共生和异质共生。

二是指旅游系统内部各子系统间，旅游活动各环节间，旅游开发管理各相关主体间，旅游业与其他产业间，以及不同区域的旅游地间，在旅游发展过程中，所形成的相互结合、相互依赖、相互促进的关系。旅游共生的思想突破“零和”竞争观念，作为一种全新的发展理念，在承认竞争存在的前提下，强调实现协同共生的可能及意义，其特质在于追求全局共赢，获得成本优势，实现集成目标，创造“先动者”优势，获得差异性优势，增强抗风险能力。

二、共生与旅游可持续发展问题

基于旅游开发和无序竞争所引起的一系列社会、文化、环境等问题，有学者从共生的角度尝试探讨旅游业的可持续发展。认为多年来世界旅游业的飞速发展所带来的巨大经济利益，导致片面追求旅游经济效益而造成了生态环境的破坏（李向农，丁艳平，2007），文化的丧失（龙茂兴，王华，2012）等一系列问题，反过来又影响和制约了旅游业的发展，造成“双输”或者“多输”的局面。

三、利益相关者共生机制问题

对利益相关者共生机制的研究有基于生态旅游（纪金雄，陈秋华，2009）的探讨，也有基于景区的案例研究，如以武夷山下梅古村落（纪金雄，2011）和济南九顶塔景区（张广海，陈冉，2011）为代表的研究。关于利益相关者共生系统的分析主要包括：

第一，共生单元。以上几位学者的研究一致认为在利益相关者共生系统中，旅游企业、当地政府、游客、当地社区是核心利益相关者，即主要共生单元。

第二，共生模式。旅游研究者普遍认为，利益相关者的共生组织模式兼有从寄生向对称互惠共生的进化，共生行为模式兼有从点共生向一体化共生的进化。

第三，共生环境。现有研究者普遍赞同在利益相关者共生系统中，共生环境是除主体利益相关者以外的一切影响生态旅游发展的因素的总和。

第四，共生界面。研究表明，利益相关者共生系统的共生界面主要表现为各利益相关者通过自身能力共同实现的旅游活动。如旅游企业所提供的产品、设施、就业岗位及经营行为（纪金雄，陈秋华，2009），游客所购买和参与的旅游活动，当地社区居民为游客提供的产品和服务，当地政府制定的旅游开发政策、制度和管理措施等（张广海，陈冉，2011）。

第五，共生机制。有的学者提出了利益共享机制、利益协调机制、一体化机制（纪金雄，陈秋华，2009），有的提出引导参与机制、责任分担机制（张广海，陈冉，2011）有的提出利益表达机制、利益分配机制、利益补偿机制、利益保障机制（纪金雄，2011）等。

四、共生与旅游资源整合问题

区域旅游资源的整合，除经济因素外，还涉及政治、文化、生态环境和观念等因素，共生理论应用于研究旅游资源整合具有先天的优势（王东红，2009）。把共生理论运用于旅游研究，就是在承认竞争和利益冲突的前提下，着眼于发展和保护共同优势，实现区域旅游资源综合效益最大化的过程，同类旅游资源的相似程度和异类旅游资源的互补程度决定其共生方式（韩芳，吴炎，帕尔哈提艾孜木，2005）。旅游资源整合的共生机制包括市场主导机制和区域合作联动机制（王东红，2009）。当然，旅游资源的整合还涉及“边界共生”的问题，有的从旅游产品构建、区域旅游形象塑造、旅游市场开拓等方面提出省际旅游经济空间整合的实施途径（王凯，2004），有的就具体的旅游区域提出“边界共生”的旅游合作开发模式（姜坤，章锦河，王浩，

2007)。这些研究成果给边界旅游资源的整合、边界区域开发合作与管理提供了思路和依据。

五、共生与区域旅游合作问题

将共生理论应用于研究区域旅游合作问题最多的是区域旅游的竞合模式研究。区域旅游共生关系构成的条件包括：第一，旅游资源的相似性（或互补性），空间的接近性。第二，文化、政治联系，或资源、市场联系，服务设施基本配套，游客对区域的认知程度较高。第三，同类旅游地的相似程度或异类旅游地的互补程度决定共生方式。指出“一体化共生”是区域旅游竞合的理想组织模式，“对称互惠共生”是区域旅游竞合的理想行为模式（吴泓，顾朝林，2004）。共生区域旅游合作的共生机制包括环境诱导机制、共生动力机制和共生阻尼机制（张健华等，2008）。共生模式主要包括资源共生、管理共生、利益共生和环境共生四个方面（陈玉涛，2011），也可从旅游空间拓展与资源整合、交通和信息网络共建、区域统筹管理、发挥区位优势等方面入手（陈国生等，2012）。

将共生理论用于研究民族地区旅游业的发展也属于区域旅游发展的一个方面，学者谭晓静（2011）从民族地区文化旅游发展的角度切入，提出文化旅游中的互斥型共生、互补型共生和和谐型共生的概念，民族地区文化旅游会经历因利益冲突相互竞争到可以相互妥协达成以交换和共享为基础的互补，再到利益均衡，最终实现共生共赢的和谐状态的过程。郭喜梅、李伟、李庆雷（2012）则以西双版纳傣族园为例，研究社区参与视角下的民族旅游地发展共生机制。姬梅、朱普选、章杰宽（2012）以拉萨为例，提出拉萨旅游产品开发中的“共生进化”发展模式。

第二章　国际旅游治理现状与挑战

国际旅游是指人们跨国进行观光、休闲、商务、探亲等活动。它能促进各国间的文化交流，推动全球经济的发展。国际旅游包括旅游规划、交通安排、住宿预订、景点游览和购物娱乐等。随着全球化的发展和生活水平的提高，国际旅游已成为人们休闲度假和开阔视野的重要方式。同时，各国也积极发展旅游业，提升旅游服务质量，以吸引更多的国际游客。游客的国际流动是提升国家国际形象和文化软实力的重要手段，也是实现文化、经济和社会效益多元融合。

第一节　国际旅游市场的现状与趋势

一、全球旅游市场的规模与增长

2024年全球在线旅游市场规模近6500亿美元，预计2028年将突破8000亿美元。领先的旅游公司如缤客控股公司（Booking Holdings）和亿客行（Expedia），通过票价聚合器和元搜索引擎来帮助消费者筛选旅游相关产品和服务。与此同时，爱彼迎（Airbnb）占领短期和长期寄宿家庭的在线市场已15年，成长为全球异地住宿市场炙手可热的品牌。2024年，旅游行业对全球GDP贡献达12万亿美元。美国、中国和德国分别约为2.36万亿、1.3万亿和4880亿美元。国际入境游客达2亿人次，法国是全世界访问量最大的旅游目的地，领先于西班牙、美国和意大利。中国出入境客流达6.1亿人次。2023年全球旅游行业就业人数约为3.3亿，中国和印度是全球旅行和旅游就业人数最多的国家。

2023年，全球酒店和度假村行业的市场规模达1.5万亿美元，较2022年增长5%。2023年，希尔顿、凯悦和汉普顿酒店是全球品牌价值最高的酒店品牌。全球酒店业竞争激烈，截至2024年，精选酒店国际公司（Choice Hotels International）、万豪国际集团（Marriot International）和温德姆集团，分别拥有7467家、8353家、10000家酒店及全球投资组合项目。因全球旅客人数持续增多，酒店行业的竞争性质促使其从原有住宿向建造、收购或出售房产及物业领域扩张。

截至2024年，越南和中国成为预订酒店或私人住宿消费者比例最高的国家。与此同时，酒店和私人住宿预订量最低的国家是匈牙利和巴基斯坦(图2–1、图2–2)。

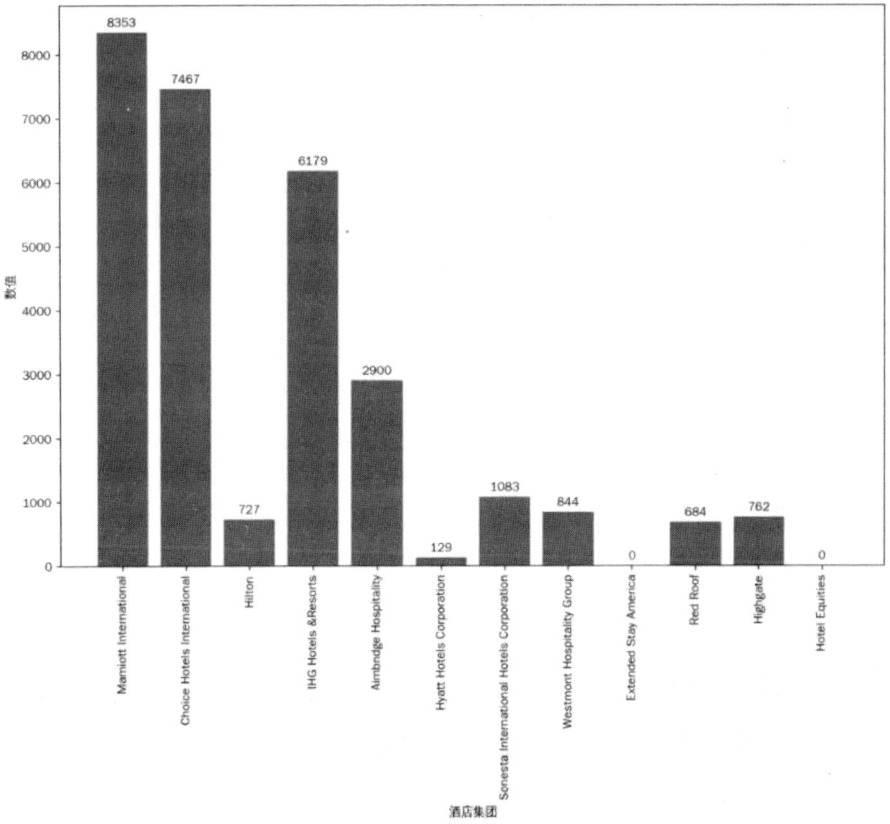

图2–1 全球酒店和度假旅游业对GDP的总贡献(2022—2023年)

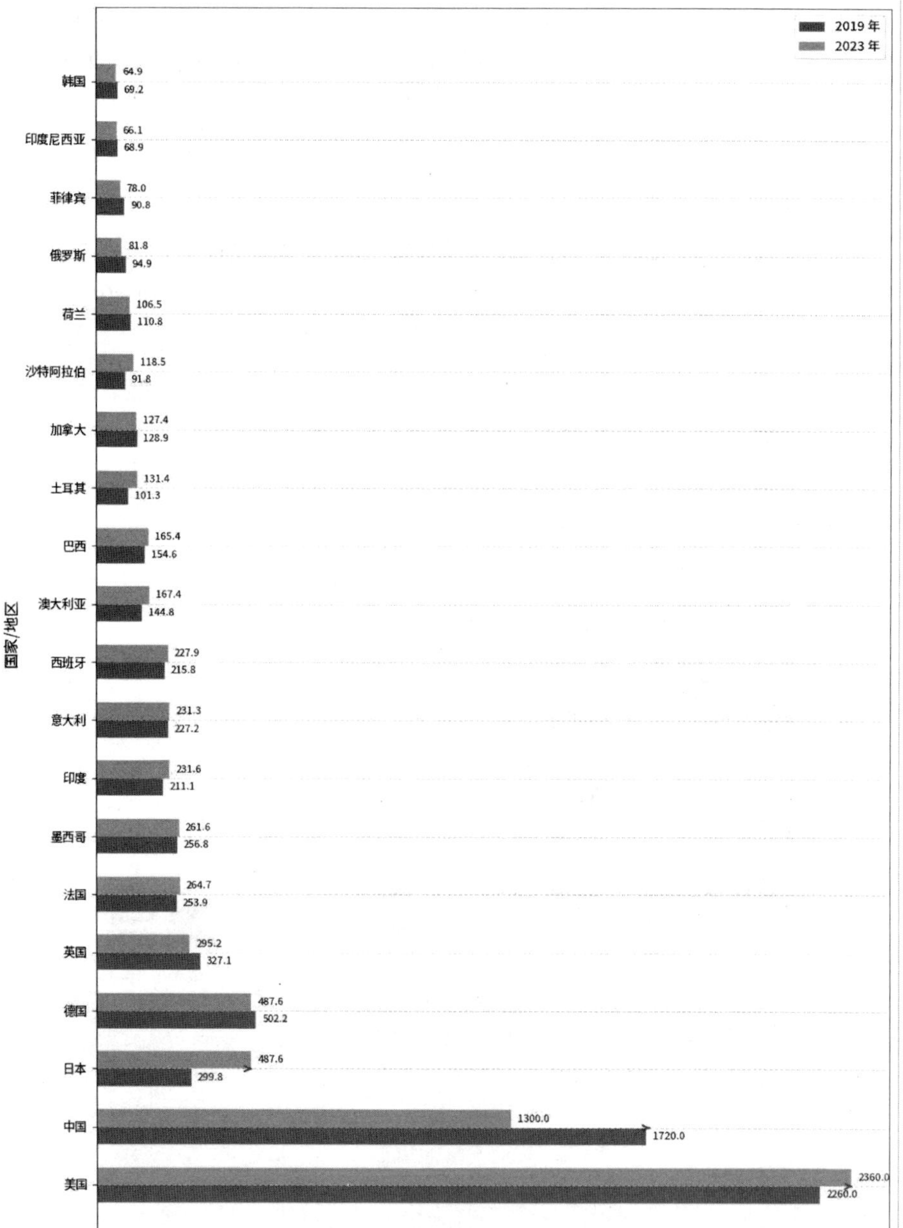

图 2-2　2019 年和 2023 年全球主要旅游市场旅行和酒店行业市场规模

2024 年联合国“全球旅游行业与碳排放”相关调查显示，全球 83% 的旅行者认为旅游与碳排放有着直接相关性，因此，全球旅行者认为可持续旅游和绿色选择的必要性和重要性。然而，人们对世界气候问题的关注并没有影响旅游业的持续性增长。

二、国际旅游制度发展的总体趋势

首先，各国政府加快完善旅游相关法律。随着旅游业的快速发展，各国政府逐渐认识到制定和完善相关法律法规的重要性。这些法律法规不仅规范了旅游业的经营行为，还加强了对旅游资源的保护力度。例如，一些国家通过立法明确规定了旅游资源的开发标准、游客容量限制以及环境保护措施等，以确保旅游业的可持续发展。其次，国际合作与交流日益频繁。面对跨国旅游活动的日益增多，各国间的合作与交流变得尤为重要。通过签订双边或多边旅游协定，各国共同推动旅游业的规范化发展。同时，国际组织在旅游制度环境建设中也发挥了重要作用，通过提供技术支持、分享成功经验等方式，帮助发展中国家提升旅游业的整体水平。最后，监管机制不断创新。为了应对旅游业发展中出现的新问题和新挑战，各国政府不断创新监管机制。例如，一些国家建立了旅游质量监管体系，对旅游企业的经营行为、服务质量及游客满意度等进行全面评估。此外，还有国家引入了第三方评估机构，以确保监管的公正性和有效性。旅游制度环境的现状分析表明，各国在旅游业的发展中越来越重视法律法规的完善、国际合作与交流、监管机制的创新，这不仅有助于推动旅游业的可持续发展，还能为游客提供更加安全、舒适、愉悦的旅游体验。

第二节　国际旅游治理面临的挑战与问题

一、环境与可持续发展问题

国际旅游环境可分为两类：硬环境和软环境。国际旅游硬环境是指国际旅游服务设施的完善性，包括景区基础设施的配套情况，如旅游资源、交通、住宿、餐饮等。国际旅游软环境是相对硬环境的概念，其与旅游设施、设备等物质条件不同，无论是自然还是人工，旅游资源中的风景、遗址、设备等均归为旅游硬环境。相对来说，涉及旅游制度及游客群体心理层面的环境，包括政策、文化、法律法规、思想观念等社会人文环境、旅游服务环境及相关政策法规，归结为旅游软环境。

（一）国际旅游环境包含的元素

我们将国际旅游环境所包含的元素归纳为旅游行政环境、旅游市场环境、旅游服务环境和社会人文环境等。[1] 国际旅游发展的程度或水平是由国际旅游的硬环境和软环境建设的程度或层次共同决定的，而旅游中感受到的服务、游览的景观视觉美感和心理体验是影响游客选择旅游目的地的重要因素。但国际旅游目的地作为国际旅游活动的承载地和游客消费平台，有的需具备较大独立空间，有的具有超大型城市的人口规模，有的则远离城市位于郊区或在城市主要活动区域之外，游客在选择旅游目的地时，除景观外，还要考虑旅游软环境因素，甚至在景观相同的情况下更倾向软环境。

1. 旅游行政管理环境

旅游行政管理环境是旅游行政管理发展的基础，二者相互作用并保持平衡，推动彼此关系的发展。旅游行政管理环境是指直接或间接地对旅游行政管理活动产生影响并对其进行决策的各种客观因素的总和，主要有以下几个方面的内容：一是宏观环境。包括国家的政治制度、法律制度、经济发展状况及社会文化背景等。这些因素对旅游行政管理的决策、执行和监督等方面都有重要影响。例如，国家的法律制度决定了旅游行政管理的法律基础和执法依据。经济发展状况决定了旅游行政管理的资源配置和投入水平。二是理论和思维环境。是指旅游行政管理中所需的理论基础和思维方式。这包括旅游行政管理的基本理论、原则和方法，以及相关的其他学科知识和理论。理论思维环境对旅游行政管理的创新和发展具有重要意义。三是行业环境。是指旅游行业内部的发展状况、竞争格局等。这些因素直接影响旅游行政管理的具体实践，如旅游市场的监管、旅游资源的开发与保护等。行业环境的变化要求旅游行政管理不断调整和优化其管理方式和手段。四是区域环境。

[1] 李超达，贵州民族地区旅游软环境建设研究——以雷山县西江千户苗寨为例 [J]. 地理学报，2016,71（8）:1416—1435.

是指旅游行政管理所处的地理位置、自然环境等。这些因素对旅游行政管理的目标、任务和策略等具有重要影响。旅游行政管理的重点和方向是由旅游资源的丰富程度决定的。可见，制定科学合理的管理策略和政策措施，实现旅游业的可持续发展，需要在旅游行政管理中充分考虑旅游行政环境的特点和影响。

2. 旅游市场环境

旅游市场环境是指旅游市场的供求关系、竞争状况、消费者行为等。市场环境的变化直接影响旅游行政管理的效果和质量。例如，旅游市场的繁荣程度决定了旅游行政管理的投入和产出。消费者的需求变化则要求旅游行政管理不断创新和优化其服务内容和方式。同时，软环境构成中的市场配套供给是实现服务的媒介载体，供给的条件水平决定服务的便利性及体验。从出行交通环境便捷性供给带来的满意度，到服务体验、旅游产品多元化带来的愉悦感，再到旅游文化底蕴以及旅游环境氛围的打造构成的文化氛围，供给条件的覆盖面更为广泛和多样。目前，中国的生态环境越来越好，许多景区经常有野生动物出没。但是，野生动物存在一定的危险性，景区应加强管理，采取必要的防范措施。例如，峨眉山旅游环保法庭在接到张某某电话，要求峨眉山管委会赔偿其被景区野生动物峨眉藏酋猴抓伤的损失后，第一时间到达现场进行调解。在查清案件事实的基础上，充分释法说理，耐心细致地做当事人工作，促使双方当事人当场达成调解协议并实际履行完毕后，及时有效地化解了矛盾纠纷。同时，将充分运用联席会议等机制，加强与峨眉山管委会常态化的协作配合，同时制定《峨眉山风景名胜区陆生野生动物保护管理及因公致害赔偿暂行办法》，推动峨眉山管委会进一步完善安全保障措施。经过通力协作，峨眉山景区连续 5 年实现野生动物伤人纠纷“零起诉”，真正实现了 AAAAA 景区的等级要求。

瀑布、漂流、溯溪、跳潭等野外运动热度直线上升。但这些项目风险较大，如果缺乏安全防护，游客盲目“打卡”所谓的网红线路，极易发生事故。参与这些项目的游客，应该提高自己的安全防范意识。如果景区没有过错，而是由于游客私自进入未被划入游览范围的区域，造成自身损害的，游客应当自行承担责任。例如，江某等人在未购买门票的情况下，私自进入景区进行危险性较大的溯溪活动，坠亡地点与景区正常游览区域相距甚远，没有任何可以通行的道路。其亲属要求景区赔偿的诉讼请求，审理法院依法不予支持，法庭认为，该案判决有利于引导户外活动参与者，树立个人是自身安全注意义务第一责任人的意识，即不对已经尽到安全保障义务的公共区域管理者承担赔偿责任的裁判规则，强化了对自身保护的责任。

3. 旅游服务环境

服务水平是旅游企业的文化软实力和名片，直接影响市场竞争和市场占有率。导游人性化服务、餐饮住宿的服务方式，所接受的专业化及日常规范化培训，不仅体现出服务水平，而且所提供的基本范式，直接关涉细节性问题的考量和设计，是旅游行业主体应纳入软环境范畴中考虑的重要问题。以提供服务为主要内容，不仅要满足游客的视觉享受，更要留住游客，这是旅游业的一个突出特点。提升景区的核心竞争力，实现硬件与软件的相互匹配，让游客收获最优体验，是高品质管理与服务的体现。国际旅游行业目前迫切需要解决的问题是管理落后和服务水平参差不齐。发达国家或以旅游为主要经济收入的国家，在旅游服务方面水平较高，而经济欠发达地区，服务水平会存在差距。因此，旅游管理人员要转变现有观念，推动旅游产业提质、提升内涵，切实提高旅游服务水平。

从市场影响力来看，发达地区与新兴地区呈分化态势。全球消费者服务指数和标普500指数整体走势趋同，估值逐步修复。全球消费者服务指数修复程度与标普500指数有一定差距，标普500指数已创历史新高，全球消费者服务指数仅恢复至较高水平。新兴和发达经济体消费服务指数分化，发达地区呈温和复苏态势，新兴地区消费者服务指数却持续低位徘徊，2023年二者差值进一步扩大。美股旅游上市公司估值触底回升。中国A股和港股旅游上市公司受市场压制，2023年市值下降。

从旅游企业经营效益来看，营收突破前高，但盈利水平不甚理想。从营业收入看，无论是美股还是A股和港股，旅游上市公司均恢复较好。从盈利水平看，中国A股旅游上市公司恢复情况不甚理想，仍有相当比例的企业处于亏损状态。

从旅游企业营运周转来看，资金回笼逐步改善，资金周转有待提升。2023年，旅游上市公司资金回笼分化趋势有所收敛，资金回笼效率仍有改善空间。旅游上市公司资产周转水平低于自身正常水平，旅游企业经营活力仍有待进一步激发。旅游业资产周转率低于制造业一般的参考值（0.8），旅游企业存在大量的有待盘活的固定资产，对企业经营效益形成制约。

从旅游投资并购来看，总体活跃度下降，AI 技术备受青睐。2023 年全球旅行和旅游业共发生了 723 笔投资并购交易，与 2022 年相比下降了 32.8%。纵观 2023 年以来旅游企业的融资并购情况，AI 技术受到广泛关注，生成式 AI、具有简化旅行流程潜力的现代技术和可持续发展将是旅游业较为热门的投资并购主题。

4. 旅游人文环境

自然观赏景观，人造设计体验地，历史或科技、文艺等文化特色，均是构成软环境的关键部分。人文环境被赋予精神要素和内涵，如北京中轴线、“上有天堂，下有苏杭”、江南的园林设计、“孔子故里”等，无一不与人文因素相结合。在国际旅游背景下，如何发掘和利用好人文要素，不仅会影响公众出游走向，同时也是旅游目的地能否吸引消费者注意的核心要素。[1] 在各地旅游百花齐放的大背景下，为了吸引更多的游客，以绚丽的视角，共同营造一个共生共育的人文环境，以夯实旅游业发展的根基。

首先，城市正以拉力、引力、推力、活力、动力推动旅游复苏。通过举办国际一流体育赛事、国际会展等大型活动，辅以“线上 + 线下”的宣传促销活动方式，增强城市旅游吸引力，提升城市知名度，是许多旅游城市（如迪拜、慕尼黑、杭州等）的首选。文化旅游城市（如北京、纽约、悉尼等）则以文化复兴为引力，通过文化再现、文化造势等手段吸引世界各地游客的眼球；通过对城市文化设施的更新和文化体验的强化，提升游客的视听感官体验；通过提炼城市文化要素，以群众喜闻乐见的文化活动和常态化的活动形式，树立城市文化品牌，扩大城市影响力。更多的旅游城市（如首尔、澳门、马德里、洛杉矶等）通过城市与城市间、旅游城市各部门间、旅游城市与企业间、机构与机构间形成相互学习、取长补短、合作共生、互帮互助、合作共赢的局面，共同致力于推动旅游业的发展。一些旅游城市（如都柏林、华盛顿、新加坡等）通过打造创意活动和产品，创造独特体验，提升城市旅游的魅力和活力。还有一些旅游城市（如洛阳、爱丁堡等）通过旅游产业深度融合、培育旅游新业态以增强城市旅游发展的动力。

---

[1] 马宏宇 . 关于旅游软环境建设的思考 [J]. 辽宁行政学院学报 ,2013,15(06) :160—165.

其次，城市旅游引领旅游发展新趋势。部分城市（如迪拜、成都等）积极推动旅游发展主题化、品牌化、特色化、绿色化，塑造城市旅游形象。一些城市通过提供智能化的旅游服务、创新城市科技旅游体验、推动城市旅游智慧化和网络化建设，强化科技创新在城市旅游发展中的应用。更多城市（如西班牙塞维利亚、美国拉斯维加斯等）通过完善旅游服务，强化安全、健康、卫生、绿色、方便等特性，通过注重细分市场、满足游客个性化需求，不断提升游客满意度和忠诚度。成都等城市高度重视区域旅游发展，积极挖掘社区旅游新资源，开辟社区旅游新场景，不断拓展旅游场景新空间。阿布扎比、洛杉矶等城市通过在建筑、运营、服务等方面采取积极措施降低碳足迹，倡导游客在旅游交通、食物消费等方面减排，将低碳旅游理念融入旅游全过程。

5. 旅游制度环境

旅游制度环境是一个综合的概念，涵盖了影响旅游业发展的各种规章制度、政策法规及管理措施等因素。在旅游制度环境中，环境保护制度是一个重要的组成部分。其要求游客和旅游资源管理单位按照生态平衡的自然规律，对赖以生存和发展的各种环境因素进行科学管理和保护。这包括了对具有代表性的自然生态系统区域、珍稀濒危野生动植物自然分布区域、重要水源涵养区域等的保护，以及对历史文化名城、人文遗迹等的维护。这些措施旨在促进旅游资源的永续利用。

此外，旅游制度环境包括对旅游活动的管理和规范。例如，对旅游开发建设中的环境保护要求，对旅游水资源、旅游环境噪声等的污染防治措施，以及对旅游市场秩序的规范和优化等。这些制度旨在保护旅游环境，提高旅游服务质量，促进旅游业的可持续发展。同时，旅游制度环境还涉及对游客和旅游从业者的行为规范和引导。通过教育和宣传，提高游客和当地居民的环保意识，提升保护环境的认知水平，以及在日常生活中可以采取哪些环保行动。同时，制定和实施可持续旅游策略，例如，限制游客数量、推广绿色交通方式、鼓励使用环保产品等，以降低旅游活动对环境的影响。

综上，行政环境、市场环境、服务环境、人文环境均是旅游环境的要素。除此之外，旅游软环境包含多方面内容，如旅游目的地的治安及居民对游客的友好度等。旅游信息的透明度和可获取性，包括旅游咨询、预订服务的便捷性。旅游政策的支持力度，包括政府对旅游业发展的扶持政策和法规环境。旅游环境的可持续性，涉及环境保护、文化传承与旅游发展的平衡等。例如，洛阳老君山作为 AAAAA 级景区，连续四年推出一元午餐的活动，展现出人文关怀。让游客感受景区的内在美。此外，景区吸引游客不仅靠优美的风景，更在于能提供贴心服务。国内部分景区还为残障等特殊群体提供帮扶服务。

当然，国际旅游环境也在强化服务设施的人性化，在历史发展进程中，其内容必将不断扩充和完善，但作为其核心要素的内容必然是不变的。中国提倡“全域旅游”，国务院发布的《关于促进全域旅游发展的指导意见》指出，要通过全面优化旅游发展环境、走全域旅游发展新路等措施，加快旅游供给侧结构性改革，促进旅游产业转型升级、提质增效。这就提供了一个政策背景，来研究国际旅游环境的建设与发展。发展全域旅游归属于国际旅游环境治理范畴，如标准化提升服务品质，品牌化提升满意度，推进服务智能化，推广旅游志愿服务，提升导游服务品质等。国际旅游中为跨国游客提供语言、交通、签证等服务，既是社会文明进步的标志，也能赢得游客的尊重和感激，使游客对目的地好感度增加，不仅能减少投诉和纠纷，也能吸引更多外国游客纷至沓来，同时通过规范和完善国内旅游服务业，改变环境供给条件，促进旅游业可持续发展。

(二) 国际旅游环境建设现状

在国际旅游中，公众重视旅游环境建设，国家对国际旅游治理的重视程度也日益加深。目前，国际旅游环境建设有几个特征：一是国际旅游环境覆盖面不断拓宽，从基础制度到文化思想启迪内容；二是游客权利意识增强，权利理念在国际旅游环境建设中越发凸显；三是各大景区跨境旅游地提升服务标准，注重注入精神文化元素。同时，国际旅游环境建设面临困境。历史上，侧重旅游的经济利益，并把利益的获得视为核心。发展中国家侧重国内旅游立法和地方性法规，修缮旅游景区规划，忽略国际的接轨和共通，以及旅游环境本身的协同互助和资源共享；发达国家则在较为完善的基础设施上，更侧重旅游硬环境的保护和开发。[1]

[1] 马宏宇．关于旅游软环境建设的思考 [J]. 辽宁行政学院 ,2013(6) :160—162.

第一，发展中国家的重视程度存在偏差，旅游业经营管理理念落后。过于偏重经济发展效益，从短期利益出发部署旅游国际化建设，在管理人员、硬件设施和景区建设及规模化，国际旅游环境建设发展内容归属性上缺乏长远性和普适性重视，从根源和长远发展角度来看，极大影响了软环境的发展。很多旅游企业的质量和品牌意识薄弱，在经营过程中重视数量和规模，忽视通过提高旅游服务质量来提高企业的效益，常以低价揽客的经营策略来扩大规模。另外，旅游产品难以专利化的特点，使旅游企业的创新动力不足。

第二，对于旅游伦理中善和正义等价值的认识存在偏差，如何处理可比较的利益冲突问题一直存在争议。不同国家游客在旅游中不文明、不道德的行为，其实质是跨越国界的旅游范式中的认知冲突。本应在国内旅游环境全面建设发展中不断深化的尊严、公正、友好、平等等价值，在现有国际旅游环境中未被重视，这就造成了经济利益与自然利益、个人利益与国家利益、国家与国家之间的利益矛盾协调偏差。

第三，旅游市场人员素质、人员规模扩大需求与人才环境、薪酬制度间的矛盾长期存在。人才流动较快，稳定性欠缺。实际市场需求与服务提供间的变化，导致旅游从业人员的素质参差不齐。旅游服务强度的加大与旅游行业实际薪酬待遇在市场竞争中的不匹配。从业人员的管理水平、服务技能、职业道德水平受到一定程度的影响，使旅游服务人员的地位下降、薪酬不对等。这种负面的社会和人文环境体验，同时影响了中外游客对旅游目的地的评价和旅游服务质量，使旅游目的地吸引力下降。首先，旅游人才缺乏。旅游行业对人才的吸引力大打折扣，旅游人才供需矛盾突出，这是旅游企业薪酬逐渐走低所致。其次，旅游优秀人才的流失率较高。优秀旅游人才因旅游行业吸引力降低而流失，成为行业服务质量改善瓶颈。再次，旅游从业者对职业的认同感降低。旅游从业人员对从事旅游服务工作的责任感、荣誉感和认同感不强。最后，缺乏诚信的旅游企业和旅游从业者。一些旅游企业缺乏诚信意识和职业道德规范意识，欺客、宰客现象时有发生，整个行业服务质量的提升受到严重影响。

第四，国际旅游环境与配套旅游相关产业的协调不足。城市自身环境建设中应提高城市公共服务的人性化与国际化水平，展现较高标准的国际旅游接待及旅游服务。同时，与配套旅游产业及其他产业的结合能够提升国际旅游便利化水平，提供一站式或一体化的服务体验。国际旅游并非简单的旅游行业转型升级，或者将其理解为国内旅游国际化程度的问题，国际旅游环境建设与配套相关企业间契合度不够，难以实现互相增益，缺少服务设施，这些都是制约因素。

第五，国际旅游安全执法、市场监管体制机制尚不完善。对涉及国际旅游产业发展的“吃、住、行、游、购、娱”六大要素市场的监管，各级旅游监管部门还缺乏足够的法律法规依据。主体的进入和退出机制尚未健全，旅游行业主管部门缺乏强有力的长效机制和过硬的手段措施，以应对经营主体和从业人员的市场准入和退出的问题。旅游监管的执法主体力量薄弱，各级旅游质监执法机构，在发展规模和速度上往往落后于当前蓬勃发展的旅游业，涉及跨国旅游多部门联动的综合管理机制尚未建立。虽有世界旅游组织等，但由于影响力不足，对市场经营主体行为缺乏规范和引导能力，其规范手段和方式以倡导性为主，缺乏对跨国旅游建立制度性协调机制。

二、生态保护与文化传承问题

生态保护与文化传承是综合性概念，涵盖了旅游目的地自然生态、社会文化及历史传承的和谐共生。在旅游生态环境中，自然环境是基础，包括地质地貌、水文气象、生物群落等自然要素，为旅游活动提供了丰富的景观资源和生态体验。社会文化则体现了旅游目的地的历史底蕴、民俗风情、宗教信仰、艺术文化等方面，是吸引游客的重要因素。历史传承则关乎旅游业的可持续发展，包括旅游资源的开发利用、旅游设施的完善、旅游服务的提升及旅游市场的拓展等。

在旅游生态环境的保护与利用中，需要坚持生态优先、绿色发展的原则，合理控制旅游规模，避免对自然环境及社会文化环境造成破坏。同时，应积极推动旅游业与生态环境保护的深度融合，发展生态旅游、绿色旅游，促进旅游业的转型升级和高质量发展。此外，加强旅游生态环境的监管至关重要。对破坏旅游生态环境的行为，要建立健全旅游生态环境保护法律法规制度，加大执法力度。同时，切实加强旅游生态环境监测考核，及时发现和解决旅游生态环境问题，为旅游可持续发展提供有力保障。

旅游作为当前推动城镇化进程的新动力，在助力经济转型、社会变革、文化重构等方面有着至关重要的作用和价值。城市资源竞争加剧，生态系统承载压力加大，城市旅游产业发展面临诸多挑战。那么，城市旅游如何实现和保障可持续发展，以及如何承担起保护环境的责任？归根结底，就是如何解决理论体系不完备的现实问题，因而，需要把发展旅游和环境保护作为根本目标，实现人与自然、人与人、人与社会的和谐共生、良性循环、全面发展与持续繁荣。可见，研究国际旅游业的可持续发展面临的困境，需要充分考虑到时代特点，人与自然的和谐相处，人与社会的和谐相处，人与人的和谐相处，遵循生态文明是人类文明发展的新目标。

(一) 如何实现经济效益与社会效益、环境效益相统一

在现代社会发展中，追求经济效益、社会效益与环境效益相统一是至关重要的。经济效益主要关注的是经济活动所带来的盈利和增长，它是推动社会发展的基础动力。然而，我们不能仅局限于经济效益的提升，而忽视对社会和环境的深远影响。社会效益强调的是社会发展过程中，人们生活质量、教育水平、健康保障、文化娱乐等方面的提升。一个社会的发展，如果仅停留在经济增长的层面，而忽略人民福祉和社会和谐，那么这样的发展是不可持续的。环境效益则是指经济活动对自然环境的积极影响。我们必须认识到，环境是人类赖以生存的基础，任何以牺牲环境为代价的经济增长都是短视的。因此，我们需要减少污染，保护环境，实现绿色发展。

将经济效益、社会效益与环境效益相统一，意味着我们在追求经济增长的同时，也要注重社会公平和环境保护。这需要我们转变传统的发展观念，采取更加科学、合理的发展模式，实现经济、社会和环境的协调发展。只有这样，才能为子孙后代留下一个更加美好、可持续的世界。国际旅游以国际性旅游活动所带来的经济效益促进社会整体发展，促进基础设施建设。就国际旅游生态效益与经济效益的关系而言，各国旅游事业的发展程度各不相同，各国的国土面积大小不一，各国的资源也大多呈局部集中分布的特征。因此，在发展旅游经济的过程中，必然需要以发展经济的催化剂即各类生态环境和资源为依托，以实现社会发展的美好愿景。

但在实际的发展过程中，无论是第一、第二产业的发展，抑或是以旅游

为依托的第三产业的发展，生态环境及资源均有不同程度的耗损，在国际旅游中也呈现出同样的耗损，生态环境处在极为尴尬的发展境遇中。在国际社会公认的要保护生态环境的大原则下，如何既保护环境又发展经济，实现社会效益、经济效益和生态效益的统一成为发展中的一大难题。因此，应当坚持全面规划、合理布局、综合开发、配套建设的原则，认识到发展可持续性的循环经济，才能实现经济效益、社会效益、环境效益的三方共赢。此外，生态环境保护和生态文明建设是中国持续发展的重要基础。

生态环境系统可能因为人的活动而有所改善，也可能因为人的活动而导致不同程度的破坏。首先，偏重经济效益，可能造成发展中经济效益、社会效益和环境效益难以兼顾的问题。在旅游经济发展的初期，一些环境效益和社会效益的问题一直未显现，到了发展中后期，这些问题开始展现，影响了经济的持续发展。而此时再来考虑修改或调整，往往成本更加巨大，一些国家政府选择暂时避而不谈或者不愿采取根本性的措施。其次，发展观念的误区对社会效益与经济效益的关系影响同样是巨大的，越来越多的国家优先考虑本国的对外经济实力，在发展的战略倾向上更加关注对外硬实力，缺少国际社会责任意识，这种观念往往会造成环境效益和社会效益及经济效益的扭曲。

实践证明，经济发展不能以破坏生态为代价，生态本身就是经济，保护生态就是发展生产力。为确保经济效益与社会效益、环境效益相统一，必须依据科学原理制定国际旅游发展规划，以确保旅游开发与环境保护措施的同步性，避免因开发无序导致的生态环境破坏。应当推动国际旅游产品与服务的绿色创新，鼓励旅游业界采用环保技术与材料，以降低对自然环境的负面影响。需加强对国际旅游目的地的环境教育与宣传工作，提升游客及当地居民的环境保护意识，营造共同维护环境的良好社会风尚。建立并完善旅游环境监测与评估机制，定期对旅游活动产生的环境效应进行评估，并根据评估结果采取必要的调整措施，以实现环境的持续改善。国际旅游在保护好当地生态的前提下，如何积极发展多种经营，把生态环境效益更好地转化为经济效益、社会效益。没有生态环境效益的社会效益是不可持续的。没有生态环境效益的经济效益也是得不偿失的，经济效益必须依靠社会效益和生态环境效益来保驾护航，但复杂的国际环境和各国发展水平不一，三者的平衡统一依然是重要问题。

（二）如何应对日益严峻的生态环境问题

国际旅游生态环境问题是一个复杂且重要的议题。随着全球旅游业的迅速发展，生态环境问题日益凸显，对自然生态系统和人类生活产生了深远影响。国际旅游生态环境问题（International Tourism）是指对旅游相关地区产生明显影响，或潜在破坏生态环境的旅游活动和旅游区周边的经济活动所产生的一系列问题。“生态旅游”最早由世界自然保护联盟（IUCN）于 1983 年提出。其内涵有两点：生态旅游的对象是自然景物；生态旅游的对象不应受到损害。掠夺式发展和生态环保间的矛盾仍较为突出，国际旅游和国内旅游面临同样的问题，那就是旅游全过程所产生的环境污染。

国际旅游环境污染有生产旅游服务产品所产生的工农业生产污染，也有来自交通运输所产生的能源消耗的污染，还有当地居民和游客旅游活动所产生的污染，以及开发利用不当造成的资源污染。旅游区过分追求经济效益，无序的经营活动对生态环境造成严重破坏。宾馆、餐馆产生的生活污水造成水污染，某些旅游设施排出的废水、废气、废油造成旅游区空气污染和水体污染。《2023 中国城市海外网络传播力建设报告》显示，作为亚洲文化十字路口上的古都，大理与南亚、东南亚国家地缘相近、血缘相亲、文脉相通，在构建面向南亚、东南亚辐射中心的国际传播体系方面有着得天独厚的条件。20 世纪 80 年代，随着当地政府加大开发力度，盲目发展各种机动船只，致使洱海生态环境遭到严重破坏，水质急剧恶化，从贫营养状态转向富营养状态，曾两次暴发蓝藻，景区垃圾总量不断增多，游客不文明的旅游行为对生态环境造成破坏，严重影响社会与经济发展，形成该地区旅游的一大障碍。[1]2015 年 1 月，习近平总书记在云南考察期间，来到洱海边，认真察看了生态保护湿地，听取了洱海保护情况介绍，对洱海的生态保护工作进行了深入细致的了解和指导。中央生态环境保护督察整改见成效典型案例评选，洱海流域第二批“山水林田湖草沙”整合保护修复工程顺利入选，由抢救性治理向保护性治理转变，水体环境综合整治入选。经过不懈努力与持续投入，洱海的保护治理工作取得显著成效。

[1] 张育绚 . 中国旅游生态环境保护法律问题研究 [D]. 太原：山西财经大学 ,2006.

第一，区域旅游发展与生态环境保护存在矛盾。自然原始环境与实际发展间未必存在必然的契合关系，在发展过程中，需要更多的人工因素介入，打造更为舒适或场景化的环境。矛盾在短期内依然存在。进行景区建设时，若旅游资源遭到破坏，尤其在以科学评估自然风景或历史遗迹等具有天然性或人工难以复刻性的景观为主要旅游依托的旅游国家，破坏不可再生资源将导致不可逆后果。部分国家在发展中过度地利用现有资源，未考虑景区的承载力，寄托于旅游业的无形输出而获得收入，缺乏合理的规划，以及对应的保护措施，生态修复成本高达数倍。

第二，旅游发展与环保工作不协调。旅游与环境保护的关系不协调，即发展旅游业和开展环境保护之间存在着既相互依赖又彼此矛盾，具体表现为发展旅游业和开展环境保护所追求的目标所产生的矛盾冲突。经济目标是达到经济增长的目的，如通过增加经济收入、人员就业、地区开发等。然而，环境保护的目标是限制人为过度影响，协调社会稳定，以达到人类健康舒适的目的。

第三，旅游地发展模式与生态环境承载力的矛盾依然是发展中的困境。旅游场所是基于一定区域的自然、经济、社会环境，以及一定的旅游行业环境而形成的各种旅游活动，这些特定活动共同构成了影响利益相关方的复合生态环境系统，同时生态环境系统中的自然、社会环境及游客体验环境也是旅游场所系统运行的基础，两者通过磨合和寻找平衡，在旅游场所系统运行过程中，在旅游国际化大趋势下，承载和满足的价值更加突出。旅游产业开发造成生态环境破坏，旅游中生态环境破坏损害个人权利的矛盾一直存在。其中包含生态环境问题导致的权利或者权益受损的赔偿问题，企业排污或其他自然因素造成的环境污染问题，生态环境遭受损害后维权主体和责任主体确定问题等。

实现旅游产业长远发展，关键在于解决好生态环境保护的问题，同时也是旅游产业持续发展的重要基础，既是旅游产业发展的重要前提，也是良好的资源环境、生态环境和社会环境保障。旅游业被称为“无烟工业”虽已成为各国普遍重视发展的清洁产业，但其“清洁”也是相对的，旅游产业发展缺乏规范和约束，将加剧生态环境的破坏。旅游活动本身对生态环境的破坏，导致超出当地生态环境的承载力，从而在旅游产业发展过程中出现人为破坏。例如，苏杭花园地面土壤因受游客踩踏出现板结现象，破坏了树木的生存环境，一些极其珍贵的古树枯死，旅游资源被周边区域的经济活动所污染和破坏。良好生态环境既是人类的共同生存需求，也是人类创造财富不可或缺的资源，获得物质精神享受的根本基础。

解决国际旅游生态环境问题。首先，应采取一些措施，国际旅游的有序开展依赖于生态安全和生物多样性。应制定合理的景区规划，平衡旅游发展与保护自然生态间的关系。加强对开发项目的监管，限制规模扩张和建筑密度，确保不破坏自然环境。其次，推广可持续旅游，引导游客使用公共交通工具，减少能源消耗，以降低对环境的负面影响。同时，加大力度进行生态修复与保护工作，如树木植被恢复、湿地保护等。最后，加强宣传教育，提高游客和当地居民对生态环境的保护意识。在国际层面，各国应建立完善的法律法规，从制定具体标准到采取执行措施，保障环境问题得到有效解决。同时，加强国际合作，共同应对全球环境问题，通过举办国际旅游论坛、参加国际旅游组织等方式，加强与其他国家在旅游领域的交流与合作。综上所述，国际旅游生态环境问题是一个需要全球共同努力解决的挑战。只有通过制定科学合理的旅游规划、推广可持续旅游、加强生态修复与保护、完善法律法规及加强国际合作等多方面的努力，才能实现旅游业与生态环境的良性互动和可持续发展。

三、市场秩序与权益保护问题

我国在《中华人民共和国旅游法》的基础上，结合《中华人民共和国消费者权益保护法》等相关法律法规，各级旅游部门以贯彻执行旅游法为核心，推进依法治旅、依法行政，提高旅游执法水平，加强旅游法治安全建设，现行关于保护游客合法权益的法律法规主要有以下几点。

第一，游客侵权损害赔偿责任。游客在旅行过程中应遵守法律法规，尊重他人的权益，若因自身行为造成他人损害，需承担相应的侵权损害赔偿责任。侵权损害赔偿责任包括但不限于停止侵害、消除危险、排除妨碍、返还财产、恢复原状、赔偿损失等。赔偿规则与限制包括：过错规则、无过错规则、过错推定规则。过错规则是最基本的赔偿规则，即游客因过错行为侵害他人民事权益造成损害的，应当承担侵权责任。无过错规则是在某些特定情况下，即使游客没有过错，也可能需要承担侵权责任，如饲养的动物致人损害等。过错推定规则是在某些情况下，法律会推定游客有过错，除非其能证明自己没有过错，否则应承担侵权责任。具体承担方式应根据实际情况和法律规定来确定。根据《中华人民共和国民法典》第1166条规定："行为人造成他人民事权益损害，不论行为人有无过错，法律规定行为人应当承担侵权责任。"[1]在旅游经营者违约或其他原因导致游客合法权益受到侵害的，应当采取"严格责任"，"严格责任"属于民法归责原则中的一个特殊原则，又称无过错责任原则或无过失责任原则。

第二，根据旅游法、消费者权益保护法等法律规定，利用合法手段打击非法经营，维护游客的合法权益。游客的人身、财产处于危险时，有求助和被保护的权利。换言之，当旅游过程中游客人身及财物受到侵害，有权依法获得赔偿。旅游主管部门应当在法律的指导下，会同有关部门制定旅游行业竞争法实施细则，并采取相应措施。

第三，对旅游企业预收游客出入境游保证金、旅游套餐捆绑性销售、预付卡发行旅游菜单等扰乱旅游市场及侵害旅游者合法权益等行为作出规定。首先，规范出境游保证金的管理制度。旅行社不得以现金或转账方式向游客收取出境保证金并存入企业或个人账户，必须以银行参与资金托管方式进行，更不得随意挪用出境保证金。其次，严厉打击预付卡违规经营行为。按照央行、商务部、公安部等8部委联合印发的《关于开展联合整治预付卡违规经营专项行动的通知》[2]，旅游主管部门严厉查处旅游企业合同诈骗、非法集资等违法违规行为，将案件移送公安机关。第三，引导游客理性消费，提醒经营者防范市场风险。旅游主管部门始终秉持"游客为本、服务至诚"的行业伦理精神，以诚信服务、优质服务和特色服务维护游客的合法权益，以诚信经营为落脚点，推动企业诚信的文化建设。如果在旅行途中发生争议，诉讼费用和成本高昂、耗时且有损企业声誉。旅游经营者应加强自身建设，注重预防为主，使游客在安全的旅游环境及基础设施保障中享受旅游时光，人身及财产免于侵害和违规行为的干扰。

---

[1] 中华人民共和国民法典编写组．中华人民共和国民法典[M]．北京：中国检察出版社，2020:15-16.

[2] 苏州市商务局．苏州市商务局积极开展联合整治预付卡违规经营专项行动[EB/OL].[2017-11-10].

第四，集中整治旅游市场秩序，对旅游企业和旅行社实行“一团一报”制度。通过曝光一批“失信主体”，树立一批合法经营、遵守市场秩序的典型。对有损旅游行业形象的个人和旅游企业，采取“应认定尽认定”加强监管擅自变更旅游行程，加强社会舆论风险预判。例如，针对强迫性购物、辱骂游客或行程中临时变更“甩团”等违规行为，“从严从快”依法依规处置。

第三节　现有国际旅游治理模式分析

国际旅游治理理论的核心思想均围绕如何优化旅游治理的效率和效果。交易成本理论强调降低国际旅游治理中的成本，社会网络理论关注多元主体的合作，可持续旅游理论则更注重国际旅游环境保护和社会责任。西方国际旅游治理实践中较注重生态旅游、社区参与模式，在理论范式上体现了从交易成本理论、产权理论、委托代理理论到网络理论的转变。研究议题涵盖旅游开发与规划治理、旅游营销治理、旅游资源与环境治理等内容。下面我们就国际旅游治理模式进行介绍。

一、基于公共治理理论的国际旅游法治

西方公共治理理论强调治理主体的多元化，包括政府、市场和社会。在国际旅游治理中，这意味着各国政府、国际旅游组织、旅游企业和游客等都是重要的治理主体。例如，世界旅游组织（UNWTO）作为国际旅游领域的专业机构，通过制定旅游发展政策和标准，推动国际旅游市场的健康发展。多元化的治理主体需要通过协调和合作来实现共同利益。在国际旅游治理中，各国政府和旅游企业需要通过合作来解决旅游市场中的问题，如旅游安全、旅游服务质量等。同时，游客作为旅游市场的消费者，其权益要得到保障，需各国政府和旅游企业共同努力。

二、基于国际法的国际旅游法治

秩序、效率、正义价值不仅作为国际法的基本价值，也构成国际旅游法的价值基石。秩序价值是一种形式正义，既体现了效率与秩序，也体现了经济

发展的直接目的和价值追求，同时也是实现正义的前提和基础。当然，对秩序和效率价值的追求必须以正义为指引。立法的活动和价值应是充分体现三者协调统一。正义价值的实现是旅游法秩序价值的基础。保障旅游市场秩序，是整个旅游市场主体获得效率、正义和公平等维度价值实现的前提和保障。应在合理规划与开发资源使用等方面加强监管，维护市场基本秩序，合理配置法律资源，以明确各类旅游主体的权利义务，并作为经营者基本规范内容和经营原则的立法化现实需要。国际旅游法需关注社会整体效率、个体效率和社会效率三个方面的问题，从而实现三者合一。国际旅游法的发展经历了从国际习惯法到国际条约法的过程。国际习惯法是国际旅游法的重要组成部分，其通过国际社会的长期实践形成，具有普遍约束力。国际条约法则是通过各国间的协商和签订条约来规范国际旅游活动。例如，《国际旅游法》为国际旅游市场的发展提供了法律保障。近年来，国际旅游法在应对新兴旅游形式和问题方面取得了新的进展。例如，随着数字技术的发展，国际旅游法开始关注数字旅游、在线旅游等问题，通过制定相关法律和政策来规范数字旅游市场。

三、基于经济理论的国际旅游法治

西方经济理论强调市场机制在资源配置中的基础性作用。市场机制可以促进旅游资源的有效配置和旅游企业的竞争，但同时也可能导致市场失灵，如旅游市场的垄断、旅游环境的破坏等。因此，政府需要通过制定旅游政策和法规来干预旅游市场，保障旅游市场的公平竞争和可持续发展。旅游全球价值链理论强调在全球范围内对旅游产品和服务的生产、销售等环节进行协调和治理。通过优化旅游全球价值链的治理，可以提高旅游企业的竞争力和旅游产业的附加值。

（一）古典自由主义

在强调市场自身作用的背景下，古典自由主义市场经济依赖市场，自由主义推崇理想化的市场体系。早期旅游市场体验中，受特殊历史时期的影响，旅游所覆盖的主体只是部分而非全部。全球范围内，由于各国经济制度不同，旅游市场的发展程度不同，政府主体和市场主体的重视程度不一，在市场自由发展的理念下，各国并未形成统一的市场管理意识，呈自由发展态势。古典自由的经济思维理念关注市场自身作用的发挥，这种理念成为自由经济发展的基石。

（二）凯恩斯国家干预主义

资本主义经济危机给世界各国经济发展带来冲击，西方资本主义国家在应对危机的过程中也在调整发展模式。面对市场的萧条和需求无法满足，大规模失业带来的市场动荡和社会不稳定因素的增加，促使政府的角色开始发生变化，政府制定了各类救市及调控干预措施。20世纪30年代爆发世界经济大危机，市场作用失灵，无法满足有效需求，彻底暴露了放任自流的市场经济的弊端。曾经长期带动经济增长的私营企业的消费和投资状况发生改变，主张政府采取干预手段来促进经济增长的凯恩斯主义。罗斯福新政应运而生，而这一国策的出台也显示出凯恩斯主义的有效性。

就旅游市场本身而言，在自由旅游市场缺乏监管和约束的情况下，旅游贸易越发展，其本身暴露的问题就越多。游客权益受损，政府管制的市场已然出现严重问题，欺诈性旅游消费，不平等的服务协议内容，暴力性、强制性的消费内容，都在阻碍旅游市场的发展。市场问题的出现呼唤政府监管和政策措施的出台。凯恩斯主义通过国家干预与政府干预和宏观调控成为解决旅游市场问题的关键举措。

（三）新自由主义下的自由与干预的平衡

新自由主义承接反对国家和政府对经济进行不必要干预的理念，强调自由市场的核心地位，与国家干预主义和古典自由主义外的“第三条道路”不同，新自由主义强调开放国际市场，支持全球范围内的合作与交流，主张政府仅在市场活动的框架条件下起调节经济和规定政策的作用，在经济发展中更多地体现了国家干预和自由主义在经济发展中的不同作用。一方面新自由主义主张经济活动和政治活动的基本原则是自由选择，包含自由拥有私有财产、自由买卖、自由消费、自由就业。另一方面支持市场应通过自我调节，认为市场“无形之手”分配资源最优，反对国家过多干预，把市场视为自由竞争和实现充分就业的最优办法，反之，则会破坏经济自由，扼杀“经济人”的积极性。新自由主义极力鼓吹以超级大国主导的经济全球化。新自由主义主张经济全球化是社会市场经济的一种必然趋势，符合人类社会发展的自然历史进程，即政府仅对经济起调节作用，规定市场活动的框架条件。从国际政策上讲，其强调国际市场开放、自由贸易与全球分工，反对放任自流、自由买卖、自由消费、自由就业等市场经济的自由选择，同时也反对妨碍个人自由的社会主义、贸易保护主义、环境保护主义和民粹主义。可见，新自由主义是对凯恩斯主义的否定。

经济法以实现社会利益和正义价值为目的，要求市场让渡部分权力，通过国家干预，以协调利益关系。主体追求纯粹价值，使市场主体多元化，促进产业发展。理性经济人的逐利性在自由开放的市场竞争中促进市场各种经济类型的繁荣和发展。某些类型的产业带来了巨大的经济利益，参与市场主体愈发多元，而一些具有公共性、需求性产品和服务供给不足，问题随之产生。具有较大经济利润的主体之间的恶性竞争行为，为抢占买方市场出现不正当竞争和垄断行为，损害市场良性竞争关系，继而损害消费者利益。

经济法需处理社会利益维护与私人主体的利益获得，市场自由竞争与国家干预的限度，协调秩序价值、效率价值与正义价值，在个人和社会整体中进行平衡考量，实现矛盾化解和利益协调等诸多问题，这些问题成为国际旅游治理过程中的核心议题。经济法社会本位价值属性要求其进行社会整体价值调整，秩序价值是其中的一个方面，秩序所带来的社会效益，有助于提升个体价值，并提供获利环境，由秩序本身带来的还有效率价值，其为个体经济利益获取创造更为有利的条件。

四、基于社会理论的国际旅游法治

在国际旅游治理中，社区居民作为旅游发展的利益相关者，应参与旅游决策和管理。通过社区参与，可以保障社区居民的权益，促进旅游业的可持续发展。非政府组织在国际旅游治理中发挥着重要作用。可通过倡导和监督等方式，推动旅游市场的公平竞争，加强旅游环境的保护。例如，一些非政府组织开展旅游环境教育和旅游可持续发展项目，提高了游客和旅游企业的环保意识。

五、基于国际关系理论的国际旅游法治

国际关系理论凸显国家利益在国际旅游治理中的关键地位。各国在国际旅游市场中追求经济利益，需通过国际合作应对，如旅游安全、旅游环境等共同问题。通过国际合作，可以实现各国在国际旅游市场中的共赢。国际组织在国际旅游治理中发挥着重要作用。例如，世界旅游组织（UNWTO）通过制定国际旅游政策和标准，协调各国在国际旅游市场中的行动，推动国际旅游市场的健康发展。

第四节　马克思主义理论对西方旅游治理模式的批判

马克思在《1844 年经济学哲学手稿》中指出，资本主义社会中的劳动异化导致工人与劳动产品、劳动过程、自身及他人相异化。在资本主义社会中，旅游异化现象是资本主义生产方式和消费文化共同作用的结果。马克思通过对资本主义社会的深刻批判，揭示了旅游异化的本质，并为重构旅游的本真价值提供了理论基础。在旅游行业中，这种异化表现为旅游从业人员的劳动被商品化，他们的劳动价值被忽视，劳动权益难以保障。例如，导游的工作强度大，收入不稳定，劳动保障缺失，导致他们对工作的满意度降低，甚至产生职业倦怠，在当代旅游场域呈现新的维度。德波（Debord, 1967）的景观社会理论揭示，旅游目的地被简化为可消费的符号，国际酒店集团通过离岸外包规避东道国劳动法，马尔代夫度假村员工中孟加拉国移民占比超 60%，其工资仅为经合组织国家同等岗位的 18%。哈维（Harvey, 2003）的剥夺性积累理论在旅游领域体现为，跨国资本通过生态标签将公共环境资源转化为私有利润，坦桑尼亚塞伦盖蒂国家公园 80% 的狩猎收益流向欧美公司。

同时，还存在消费异化和环境破坏等问题。一方面，资本主义社会中的消费文化导致旅游消费的异化。游客在旅游过程中，往往被商品化的旅游产品和服务所吸引，追求物质消费和炫耀性消费，以满足其虚荣心和社会地位的彰显。这种消费异化不仅损害了游客的身心健康，也破坏了旅游的本质和价值；另一方面，资本主义旅游的发展以牺牲环境为代价，导致自然景观

和文化遗产遭到破坏。为了追求经济利益，过度开发旅游资源，忽视环境保护，导致生态系统破坏和文化遗产流失。因此，需从马克思主义基本原理出发，以唯物史观、价值论、阶级分析方法为指导，对资本主义旅游异化问题加以批判，并对国际旅游治理的理论基础进行重构。唯物史观可以帮助我们理解旅游业发展的社会经济基础，价值论可以分析旅游产品与市场的关系，阶级分析方法可以揭示旅游发展中的阶级矛盾。

一、经济基础与上层建筑的关系

经济基础决定上层建筑，在国际旅游治理中，全球经济格局和各国经济发展水平是基础。发达国家凭借其强大的经济实力，在国际旅游市场中占据主导地位，拥有更完善的旅游基础设施、更丰富的旅游产品和更成熟的旅游服务标准。而发展中国家则在旅游资源开发、旅游市场拓展等方面面临诸多挑战，需要在经济发展的基础上逐步提升旅游治理能力。合理的治理机制和政策法规能促进国际旅游市场的健康发展，保障游客的合法权益，推动旅游产业升级。例如，通过制定公平合理的旅游贸易规则，可以促进各国之间的旅游交流与合作，实现互利共赢。

二、马克思主义实践观

马克思主义实践观认为，实践是认识的基础，也是人类社会发展的动力之源。国际旅游治理不能只停留在理论层面，还需要通过实践来检验和发展。应将马克思主义实践观应用到国际旅游治理中，通过实践来探索适合不同国家和地区的发展模式，以及如何在实践中解决旅游发展中的各种问题。在国际旅游治理中，各国通过实践不断探索适合本国国情的旅游发展模式和治理机制。例如，通过发展生态旅游、文化旅游等特色旅游项目，实现旅游经济的可持续发展；一些国家通过加强旅游市场监管、提升旅游服务质量，提高了游客的满意度和忠诚度。这些实践经验为国际旅游治理提供借鉴。实践是检验真理的唯一标准，国际旅游治理的效果需通过实践来检验。各国在旅游治理中制定的政策法规、采取的措施手段，是否符合旅游市场的发展规律，是否能够有效解决旅游发展中的问题，都需要在实践中进行验证。例如，旅游市场监管中采取的严格执法措施，能够有效遏制旅游市场中的违法违规行为，保障旅游市场的公平竞争，这些措施需要在实践中验证。

三、社会矛盾分析方法

国际旅游治理中的主要矛盾是旅游发展与环境保护、文化传承的矛盾。随着国际旅游市场的快速发展，旅游资源的过度开发和利用，导致地方生态环境遭到破坏、文化遗产面临流失。那么，如何在旅游发展中平衡经济效益、社会效益和环境效益？根据矛盾具有普遍性与特殊性的观点，国际旅游治理中的矛盾也具有普遍性和特殊性。普遍性表现为各国在旅游发展中都面临着类似的矛盾和问题，如旅游市场竞争、旅游服务质量、旅游安全保障等。特殊性表现为不同国家由于国情不同，在旅游治理中面临的矛盾和问题也有所不同。如发展中国家关注旅游经济的发展和就业问题，而发达国家则更关注旅游环境的保护和文化传承。

四、以人为本理念

马克思主义强调以人为本，在国际旅游治理中，应以游客和旅游从业人员为中心。从以游客为中心的角度来看，应满足游客的需求和维护其利益，要求各国在旅游发展中注重提升旅游服务质量，提供更加便捷、舒适、安全的旅游环境。注重保护游客的合法权益，加强旅游市场监管，打击旅游市场中的违法违规行为。注重丰富旅游产品供给，满足不同游客的多样化需求。以旅游从业人员为中心，是指国际旅游治理还应关注旅游从业人员的权益。旅游从业人员是旅游产业发展的主体，他们的素质和能力直接影响着旅游服务的质量和水平。应加强对旅游从业人员的教育培训，提高他们的专业技能和服务意识；保障旅游从业人员的合法权益，改善他们的工作条件和提高待遇，激发他们的工作积极性和创造性。

五、全球治理观

各国应在平等互利的基础上，共同参与国际旅游市场的治理，制定旅游发展的规则和标准，共同建设旅游基础设施和公共服务，共享旅游发展的成果。通过共商、共建、共享，以实现国际旅游市场的公平竞争和可持续发展。国际旅游治理应以构建人类命运共同体为价值目标。在全球化的背景下，各国之间的旅游交流与合作日益密切，旅游发展关乎各国的经济利益及生态环境、文化传承和社会稳定。因此，各国应树立人类命运共同体意识，加强旅游领域的国际合作，应对旅游发展中的全球性问题，推动国际旅游市场健康发展。

第三章　共生理论与国际旅游治理相契合

在马克思主义理论框架下，共生理论为国际旅游治理提供可行性辩护，并体现了国家治理能力。共生理论与国际旅游治理之间存在耦合性，有助于实现政府、企业、游客各方利益关系的和谐，缓解冲突，化解矛盾，排除潜在风险，实现利益共存。

第一节　共生理论在国际旅游治理中的适用性

一、共生理论倡导人类社会和谐共生

共生理论强调事物间相互依存、相互影响，主张通过合作实现共赢。在国际旅游发展过程中，共生理论为如何推进国际旅游法治建设提供了理论支撑。文化和旅游是人类社会发展的重要组成部分，旅游活动是一种文化体验和文化交流，因此，国与国之间的文明互鉴、文化交流构成国际旅游的重要组成部分，国际旅游将文化和旅游两者相互融合，并积极促进各国文化传承和创新，推动旅游业可持续发展。共生理论的引入有助于制定科学的国际旅游发展策略，实现利益相关者的共生共赢。

根据共生理论，我们应该促进多元文化共存，相互尊重，加强沟通与协作，共同面对全球性的问题，并努力构建荣辱与共、息息相关的人类命运共同体。病毒传播也给全世界旅游业带来巨大影响，除此之外，自然灾害、公共卫生事件及局部战争等也屡屡冲击全球旅游业，为此而应对危机的国际旅游理论不断丰富和完善。对于客观上必须面对的外部风险，旅游系统应充分借鉴国内外历史经验，从全球治理的角度，科学评估危机事件对市场和行业的影响，从危机爆发的初期、中后期和后期等发展阶段，科学研判和冷静应对，坚持用发展的眼光、创新思维、市场化的手段保障公民旅游权利，引

导市场主体发挥各自作用，完善国际旅游行业治理体系，提升治理能力，在国际旅游市场促进、国际旅游加强监管、国际旅游经济运行监测和宏观调控、危机事件管理、国际旅游经济监测调控等方面提高政策储备能力。总的来看，国际旅游市场的整体运转需要旅游企业和政府共同发挥作用。作为国际旅游经营者，自身的产品开发和服务是吸引国际游客的前提，但市场中的主体具有逐利性及自身能力的局限性，这就决定了不能只依靠市场来实现发展，还需要国家适度干预、政策支持，积极引导旅游产业的发展，多方发力，共同开发升级旅游服务，建设和谐的国际旅游法治环境，使每一位公民都能享受到美好的旅游服务。

国际旅游的发展最终落实到人的全面发展。一方面旅行社在优化国际旅游服务与管理上，要围绕游客开展旅游管理与服务，提升旅行社的售前服务，例如重视旅行社在旅游中的产品开发、有效管理对接团的服务质量、重点管理导游人员的服务质量、建立评价服务的管理体系、在国际旅游相关行业人才素质提升上下功夫等。另一方面，旅行社在优化国际旅游服务上，需要加强旅游行业管理人员管理能力培训，在注重提高决策人员决策能力和影响决策的科学性、正确性的同时，应全面提升管理人员素质，使中国旅游服务达到国际服务标准，真正提高旅游从业人员的综合素质，促进中国国际旅游服务贸易发展。

另外，外在制度的指导与约束不可或缺。如制定出境文明旅游政策规范，通过中央文明办、文化和旅游部等联合发布文明行为指南、文明出游倡议书，提高公众的觉悟和意识，并将其融入公民基本道德规范教育。加强国民道德素质教育，加大不文明行为宣传教育力度，借助媒体广泛宣传形成文明社会风气，建立不文明行为黑名单制度。同时，还需要构建涉外纠纷多元解决机制，包含当事人意思自治协商、投诉机制、第三方调解、仲裁、诉讼等模式，提供最为广阔的解决问题的路径，在中国的实体法律层面拓宽适用主体和情形，在程序法层面完善管辖权条款，依照诉讼法庭的具体情况简化纠纷处理流程，裁判文书也可考虑简化，通过实体法，比如为适应高效率追求的需要，使用省时、简捷、经济又能体现交易高速度要求的旅游格式合同和程序的内容，共同促进国际旅游的共生和谐发展。

二、共生理论有助于协调国际旅游资源的分配

共生理论在国际旅游资源分配中发挥着重要作用，强调旅游目的地、旅游企业和游客之间的相互依存和协同发展。应用共生理论，可以更有效地协调国际旅游资源的分配，实现资源的优化配置和高效利用。一方面，共生理论促进旅游目的地之间的合作共赢。不同国家和地区可以共享旅游资源，共同开发旅游线路和产品，提升整体旅游吸引力。这种合作模式有助于打破地域限制，实现旅游资源的互补和共享，从而吸引更多国际游客。另一方面，共生理论也推动旅游企业间的协同发展。旅游企业可以通过合作，共同提升服务质量，创新旅游产品，满足游客的多样化需求。此外，共生理论还强调游客与旅游目的地和旅游企业之间的和谐共生。通过加强游客与目的地、企业的互动与沟通，以游客为中心的服务理念有助于提升游客满意度，促进旅游业可持续发展。共生理论为国际旅游资源的分配提供了新的视角和方法，有助于实现资源的优化配置和高效利用，推动旅游业繁荣和发展。

分配正义基于权利平等。这意味着在分配国际旅游资源、机会和利益时，每个利益相关者应享有平等的权利和机会，不受国家强弱、社会制度或财富差异的不公正待遇。权利平等是分配正义的核心原则，它要求我们在制定政策和法律时，确保每个利益相关者都能获得公平的机会和待遇，从而构建一个更加公正和谐的国际旅游环境。其次，利益分配的基本原则有以下几点：一是公平公正原则。利益分配应当遵循公平、公正的原则，确保各方在合作过程中获得的利益与其投入、贡献和风险相匹配。二是合同约定原则。利益分配应当基于各方在合同中明确约定的条款进行，确保分配的合法性和有效性。三是风险与收益对等的原则。利益分配应考虑各方承担的风险大小，风险较大的一方获得相应较高的收益。四是可持续发展原则。利益分配应考虑长期合作和可持续发展，避免因短期利益损害长期合作关系。五是透明公开原则。利益分配的过程和结果应透明公开，确保各方对分配结果无异议，增强合作的信任度。

国际旅游资源的利益分配是一个复杂而细致的过程，涉及多个方面。一是需要明确参与国际旅游资源开发的合作主体，包括国家、地区、旅游企业等。同时，设定明确的项目目标，如提升国际旅游项目的知名度和影响

力，吸引更多国际游客等，促进旅游业的发展，以及加强文化交流等。二是评估旅游资源与市场需求。对国际旅游资源进行全面评估，包括自然景观、文化遗产、历史遗迹等。同时，分析国际旅游市场的需求，了解游客的偏好和期望。这有助于确定旅游资源的开发方向和市场定位。三是制定利益分配机制。利益分配机制是确保各方合作顺利进行的关键。可以根据各方投入的资源、工作量、实际业绩等因素制定合理的利益分配比例。例如，在旅游项目合作中，可以设定按照旅游收入的一定比例进行分配，或者根据具体项目的贡献程度进行分配。四是加强市场推广与营销。市场推广和营销是提升国际旅游资源知名度和吸引力的重要手段。合作各方可以共同制定营销策略，利用各自的营销渠道和资源进行推广。同时，加强文化交流，展示旅游资源的独特魅力，吸引更多国际游客。五是建立风险管理与应急预案机制。在国际旅游资源开发中，可能会面临各种风险和挑战。因此，应建立识别和评估可能发生的风险并制定相应应对措施的风险管理和应急预案机制。这有助于确保项目的顺利进行和游客安全。六是加强沟通与协调。合作各方需要建立有效的沟通机制，定期协调，确保项目的顺利推进。同时，及时解决合作过程中出现的问题和争议，保持合作关系的稳定和良好。

三、共生理论作为国际旅游治理的伦理基础

“法安天下，德润人心”，推进新时代公民道德建设，需要强化道德建设的保障作用，进而实现法律与道德的结合和互补。共生理论与国际旅游法治的价值目标相契合。社会主义道德的核心要求在中国特色社会主义法治体系中得以凝聚，制度正义得以彰显。也就是说，法治对道德有保障作用，法以伦理道德为价值基础，伦理道德以法律为后盾和保障。旅游法将伦理关怀融入立法宗旨。首先，国际旅游法治建设旨在保护游客和旅游从业者的权益，确保旅游的公平、公正和透明。诸如在旅游活动中倡导的契约精神、诚信意识、合作共赢、互利共生等伦理精神，这种对权益的保护和公平正义的追求，正是伦理道德的核心价值所在。通过制定和执行旅游法律法规，对以上伦理精神来说，可以规范旅游市场秩序，防止欺诈、虚假宣传和不当竞争等行为，从而维护游客和旅游从业者的合法权益。其次，国际旅游法治建设强调可持续发展，注重旅游资源的保护和合理利用。这体现了对自然环境和

人类文化遗产的尊重和保护，是伦理道德在旅游领域的具体体现。加强对旅游资源的保护和管理，防止过度开发和破坏，实现旅游业的可持续发展，通过法治手段，依法依规。此外，国际旅游法治建设还注重旅游活动的社会影响和文化交流。其倡导尊重不同国家和地区的文化传统和风俗习惯，积极促进文化多样性和文化交流，对世界各国不同文化的尊重和理解，也是伦理道德的重要方面。通过法治方式，增进不同国家和地区人民之间的了解和友谊，以及旅游活动中的文化交流和互鉴，体现了追求公平正义，因此，国际旅游法治本身具有伦理属性。这些伦理价值不仅为国际旅游法治建设提供了价值导向和道德支撑，也为其在实践中发挥积极作用提供了重要保障。

首先，国际旅游本身的文化内涵，体现为异国旅游地的文化属性。参观异国历史文化名城，感受其历史文化。游客泛舟山水间，体验的是异国自然风光和地理文化。游客游览科技研发中心，体验到异国科技文化的力量。国际旅游传达对原生居住区域以外的文化探索和体验要求，其本身也是一种文化现象。从主体的实际要求来看，国际旅游中的直观舒适度与其体验的文化内容是直接相关的。精神利益是和物质利益相对应的概念，虽然缺乏物质本身的形态特征，却体现出国际旅游本身的获得感和满足感，具有主体精神层面的体验和感受。国际旅游业的服务行为更多的是帮助旅游主体获得更高的旅游体验和更好的服务。精神上的获得感和满足感是主体在这期间最希望获得的内容，故其有一定的利益性和经济性，这也是国际旅游行业存在并能够以提升服务获得经济回报的重要原因。文化性和精神利益性是在规制国际旅游主体行为中必须考虑和遵从的伦理关切。

其次，国际旅游活动具有整体性、顺序性和不可逆转性。事物发展具有其自身发展的时间主线和逻辑顺序，在一项旅游活动开始之后，有主体的参与和体验，本身也有旅游前、中、后的顺序。按照整体的时间发展顺序，这些活动本身不具有逆转倒序的可能。整体性体现在国际旅游事件开展是一个完整的过程，缺少其中任何部分都无法形成完满的国际旅游活动。而后是各部分之间的关系问题。按照事物发展的逻辑，人类认识是有一定逻辑顺序的，部分的顺序调整不利于整体思路和内容的获得，颠倒的逻辑顺序会影响对事物本身的认识。已经经过的主体部分也不具备扭转的可能性，故而在旅游伦理认知上，主体更为珍惜已有的旅游过程和感受。在这一过程中，旅游活动的伦理规范是法律规范主体行为和行业自律的基础。

四、一体化共生是区域旅游竞合的理想组织模式

(一) 建立多元共生的国际旅游生态

“一带一路”的贯彻为国家发展提供广阔思路，然而，各国的发展中一直存在国家间的交流壁垒，破除壁垒是实现以旅游带动服务业发展，进而实现一二三产业融合的重要一环。国家间的合作成为必须，这也是消除贸易壁垒的第一步。国际旅游开放旨在削减国际旅游服务贸易的自由化，但各国出于维护本国利益，维护一国经济的安全和社会的稳定，往往还是会设置某方面的贸易壁垒，而这种贸易壁垒大多采取国内政策、出口管制、技术性壁垒和知识产权壁垒等隐蔽性方式。那么，为了实现国际旅游的发展，第一步就要消除贸易壁垒。

具体而言，一是要打破国际旅游市场准入壁垒，主要包括出入境的人数限制、设置审批手续限制，尽可能地简化手续，人员数量方面要在考虑旅游承载和本国安全的基础上适当放开。二是对于提供旅游服务的经营者降低提供服务的门槛，对外国旅游服务商的进入适度考虑参与，同时对外籍人员的录用提供出入境及就业的便利。根据国际旅游服务业的实际情况，其贸易壁垒主要表现在对外国游客的贸易壁垒、对外国旅游服务商的贸易壁垒及对外籍旅游从业人员的贸易壁垒三个方面。例如，对外国游客的贸易壁垒，主要表现为限制入境出境、限制旅游观光、限制对外国游客的歧视性收费等；对外国旅游服务商的贸易壁垒主要表现为对境外旅游服务商采取限制出境数量、外汇管制、开业权限制、股权限制和歧视性税收等措施；对外籍旅游从业人员的贸易壁垒，主要表现为采取出入境手续限制、从业许可限制、专业证书限制等措施。鼓励中国旅游企业引进先进的旅游管理体制、旅游营销网络和充足的资金，以提高竞争能力，开拓中国入境旅游市场及中国旅游业的整体发展。

在国家合作意向的基础上，协议及国际条约是不可缺少的，应建立各国共同遵守的国际条约或协定，在破除壁垒时各国需遵循市场准入、国民待遇和透明化原则。各国拥有独立主权，但国际旅游活动又需要各国的合作共

治，因而形成共识后，签署共同的管理规章和条约，以期实现共同治理的目标。给予成员国在市场准入中较大的旅游服务贸易自主权；给予其他成员国服务和服务提供者不低于其承诺表中明确规定的待遇；给予缔约国国民类似本国国民的服务业待遇；成员国对可能影响国际贸易和旅游的事项作出相应答复；给予缔约国国民类似本国国民的服务，各成员国应当在相应期限内将与本国国民类似的服务提供给缔约国国民。无论是从法律、政策还是其他措施上，均要求各成员国逐步放开旅游贸易服务。最后，建立具有国际化特性的旅游行业规范标准，提供行业基本行为的参考标准，最终实现有规可循、有法可依。在跨境交付、跨境消费及商业服务等方面，各国必须按照做出总体的承诺标准来实施，为各国跨境游客提供更为基础和便捷化的服务。

（二）国际游客与本地居民的和谐共生

各国进行有益借鉴，提供共生的旅游环境体验和服务。区域、国界、民族、政治环境等是旅游环境体验和服务的基本点，共生已经成为便利化的另一个代名词，其能够通过平等的服务内容和同等国民待遇原则，为旅游便利化服务提供政策支持、环境体验保障，共生的顶层设计为便利化服务提供理论支持。再从目标或者效果角度出发，出台的措施和预期达到的效果应该体现共生的哲学理论内容，破除可能存在的壁垒和障碍，化解潜在矛盾，为旅游国际化提供平等、公开、透明的环境，最终实现便利化。国际旅游不仅涉及一个国家的发展，而且涉及世界各个国家，因而相互借鉴有益经验，能够促进旅游事业的发展。作为国际旅游强国的美国，其旅游立法主要是以美国政府的旅游政策为基础的。

美国政府通过了将美国旅游政策总原则法制化的《美国国家旅游政策法案》，该法案为实施旅游政策总原则提供了强有力的法律保障，并作为美国旅游基本法得以实施。除了制定这一全面的规定，美国政府还制定了一些针对旅游业的单行规定。此外，在美国旅游法体系中，对于旅游活动中出现的纠纷，作为一个普通法系国家，美国的判例处理有其合理性。但在欧洲旅游大国中，西班牙旅游资源丰富，是旅游发达国家，其以入境旅游为主，但缺乏以旅游基本法为主导，以一系列单行法规为主导的西班牙旅游法体系为例的一种法律体系，这种法律体系主要是针对入境旅游而言的。

对于世界两大不同法系的国家来说，改变本国的旅游立法体制单一，各种单行条例和规定等凌乱庞杂，不利于国家旅游事业发展，这就需要借鉴有益做法，从比较法视角进行选择，制定适合本国的旅游基本法。例如服务贸易总协定（GATS）成员之间可以借鉴背景和经济发展情况近似的国家的法律制度，通过研究加快本国旅游立法，修订相关的法律法规，使旅游法适应本国发展实际，更能适应国际化需求。例如，GATS 在遵循 GATS 内容要求的同时，为成员国提供了开展国际旅游服务贸易、兼顾本国发展实际的体制性法律框架。国际旅游是双向的，既包括入境游，也包括出境游。不管最终效仿的是哪一国家的情况，都应结合本国发展实际和国际化发展背景，确立的原则是为旅游经营者在境外投资提供法律便利和保护。

（三）国际旅游企业与当地政府的合作共生

国家间的公平和良性竞争是开展所有合作类项目的平台，提供快捷和高效的跨国服务能够直接促进旅游业的繁荣，也是公众选择出游目的地的风向标。以泰国落地签为例，在泰国实施此项政策之后，给原本热闹非凡的泰国旅游业无疑是锦上添花。简化国家间的出游手续及其他行政服务事项，减少烦琐的流程手续，国家给予便利化服务是旅游国际化的应有之义。具体而言，应在跨国或跨界的通行便利程度上给予快捷化处理和便捷性通道，开通一站式服务。对不同国籍减少形式审查和要求，减少人为的障碍。对于旅游纠纷，各国提供快捷化行政服务的简易处理程序。另外，一国政府在对外贸易中通过国内立法和国际协议，逐步减少政府对各国间服务的行政干预，以及与服务相关的人员、资金、货物、信息等的流动，通过简化游客出入国境的手续，逐步减少国家间的立法限制。

国际旅游企业坚持可持续发展的战略方针，致力于旅游产品及其配套设施的优化。国际旅游业对不可再生的自然资源和历史资源的依赖程度很高，其影响往往是不可逆的，一旦遭到破坏，就很难恢复。感受原汁原味的自然人文风貌，感受异域风光，是国际游客的主要价值诉求。因此，中国在发展国际旅游服务业时，应坚持可持续发展原则，在经济利益与环境保护、短期利益与长远利益等方面，平衡二者关系，力争使其对生态环境的影响降到最低。对外旅游服务贸易要严格按照旅游景区接待承载能力来开展。同时，要开发具有地方特色、注重历史文化的旅游产品，立足于旅游地的特色和实际情况。优化旅游产品结构，充分结合相关文化创意产业，丰富旅游产品供给，吸引国际游客，提升本国旅游产品在国际市场中的知名度。在旅游产品正经历从团队游向散客游、从全包式服务向菜单式服务、从单一标准等级向豪华型和经济型多元化结构转变的新时期。

此外，作为一个综合性行业，旅游业相关行业，如交通、通信、住宿、购物、娱乐等行业。以数字时代为依托，旅游行业在线平台提供集吃、住、行、游、购、娱为一体的综合性旅游服务，利用互联网这一新渠道，在宣传旅游服务的同时，旅游服务业必须充分利用现代科技，提高国际旅游服务的技术含量，以达到招徕游客的目的。一方面由旅游资源、旅行社、酒店、交通部门、金融部门等共同参与；另一方面要加强基础设施配套，加大国家和地方对相关服务设施的投入力度，如交通、通信等方面的建设，使服务内容与时代接轨。旅游行等政管理模式是旅游企业依照政府的行政管理体制进行企业管理的一种模式，在国家经济法制中，以及国内外环境发生变化的背景下，旅游产业正面临调整，以国家行政之手遵从基本的管理方向，实现企业自身的长足发展也是题中之义。

（四）国际旅游软环境与国际旅游法治的互动共生

针对国内外旅游市场，实施全面的涉外旅游监管策略。首先，在国内旅游监管方面，重视地方旅游市场的特色，拓宽对旅游市场其他法律要素的监管范围，不能仅仅关注导游、旅行社和团队旅游，还要进一步完善和细化旅游市场准入和退出机制、质量监管、行政执法、行业自律、社会监督、旅游投诉处理等制度，强化旅游监管与纪检监察的联动机制，，严格执行国家标准加大对违法经营行为的处罚力度，鼓励旅游企业通过标准化提升经济效益。其次，在国外旅游监管方面，应明确界定国外旅游法律关系各方的权利和义务。此外，国务院应在旅游行政法规中明确涉外旅游出入境的基本规范，配套相应的涉外管理规章制度。实现涉外事务的综合化和全方位管理。我们需要确立三项基本原则。

第一，明确市场准入原则。为确保服务提供方式的市场准入，各成员不得低于其在具体承诺减让清单中同意并明确列明的条款，以及对其他成员的服务和服务提供者给予的任何待遇。除非各国在具体承诺表中明确表示将对其适用条件和时限作出规定，否则在其作出市场准入承诺的服务领域内，各国不得在国内实施此类措施。市场准入原则允许各成员根据自身经济发展水平和服务业发展状况对所从事的服务业对外开放。服务贸易的自由化程度将逐步提高，但不附加其他条件或限制措施，通过制定并不断更新其在服务贸易承诺表中的相关条款。

第二，明确非歧视待遇原则。非歧视待遇原则涵盖两大核心内容：最惠国待遇原则与国民待遇原则。每个成员必须立即且无条件地给予其他任何成员的服务及其服务提供者与其他任何国家的同类服务及其服务提供者相同的待遇，并且必须立即给予其他成员的服务及其服务提供者的同时，在影响服务提供的各项措施中，每位会员给予其他会员的服务及服务者的待遇，均不得比给予本国同类服务及服务者的待遇低。最惠国待遇原则是成员必须履行的一般性义务，它不仅适用于旅游行业，在国际服务贸易的其他领域也同样适用。通过这一原则，服务贸易各部门可以按照各自承诺，在旅游市场逐步开放的基础上，实现公平竞争。该原则为确保国际游客享有平等的旅游服务，有效地消除了歧视性待遇等旅游服务贸易中存在的贸易壁垒。其为国际旅行服务供应商和外国雇员提供了自由和公平竞争的保证。此外，该原则对各会员旅游服务贸易法律体系的完善也有一定的帮助。各成员需要根据WTO的基本法律原则和GATS关于旅游服务贸易的规则，为实现旅游法制与国际接轨，促进各成员建立统一、公开、透明的旅游法治环境，应对本国现行旅游法规进行全面修改、补充和完善。

第三，透明度原则。它是旅游服务贸易自由化目的的体现，也是其发展的必然要求，透明度原则是中国旅游服务贸易自由化目的在中国旅游服务贸易发展过程中的具体体现。透明度原则的制定为各成员方消除了国际旅游服务贸易壁垒，在法律法规、规章或政策措施未公开的情况下，为各成员认真履行WTO协议和履行承诺发挥监督作用。这一原则的实施效果也会在实践过程中不断被其他成员所重视，外部力量能够在确保信息公开、防止服务贸易内部不公、促进其健康有序发展的过程中，更好地督促透明度原则的实施。GATS规定了国内法规的告知程序，即每一年度GATS会员应向服贸理事会说明本国颁布的新法规或现有法规的变更情况，对于其他会员的质疑，

GATS 会员应在最短的时间内给予答复；会员对其采取的影响 GATS 实施的措施，可告知其他会员；绝密资料不透露就可以了。这一原则的目的在于消除国际旅游服务贸易壁垒，使其他成员尽可能方便、快捷地了解其有关服务贸易或 GATS 的实施措施，从而达到贸易自由化和公平竞争的目的。国际旅游服务贸易壁垒是指各国对国外旅游服务设置的各种限制或障碍，以保护本国旅游业的发展，即在旅游服务贸易领域制定一些保护贸易政策和措施。

第二节　共生理论对国际旅游治理的启示

20 世纪 50 年代后，随着共生理论的不断发展与完善，其在旅游领域表现出较强的解释力与应用潜力，并主要从区域旅游合作[1]、旅游企业合作[2]、区域旅游资源整合[3]、旅游景区共生形象[4]等角度，对旅游领域应用共生理论与共生理论的各个领域进行了探讨。各旅游主体互利共赢。实现行业协会自身价值的过程，就是在共生的旅游环境中为各旅游主体营造新形势下发展业态环境。

人与人、人与自然、人与社会进化的理念是共生的本质特征，强调共生单元间的伦理性，旨在实现国际旅游主体的共生共存，构建政府、旅游企业、游客和社会组织等多方参与的旅游安全共生单元，形成一个有机整体，共同提升国际旅游治理水平。从共生模式选择来看，包括以下三种共生模式：一是互利共生模式。共生单元合作协作、资源共享、优势互补，共同提高旅游安全保障能力。如政府可以与旅游企业合作，共同开展旅游安全宣传和教育活动。二是协同共生模式。共生单元间建立协同机制，加强信息沟通协调。如政府、旅游企业和社会组织可以共同建立旅游安全信息平台，及时

---

[1] 王维艳，林锦屏，沈琼．跨界民族文化景区核心利益相关者的共生整合机制 [J]. 地理研究，2007,26(4) :673—684.

[2] 申秀英，卜华白．中国古村落旅游企业的“共生进化”研究——基于共生理论的一种分析 [J]. 经济地理，2006,26(2) :322—325.

[3] 韩芳，帕尔哈提・艾孜木．基于共生理论的区域旅游资源整合的动力机制研究——以南疆五地州旅游资源整合为例 [J]. 新疆师范大学学报：自然科学版，2006,25 (3)：255—258.

[4] 白凯，郭生伟．旅游景区共生形象对游客重游意愿及口碑效应影响的实证研究——以西安曲江唐文化主题景区为例 [J]. 旅游学刊，2010,25(1)：53—58.

发布和共享旅游安全信息。三是竞争共生模式。在旅游市场竞争中，各旅游企业间通过竞争促使自身不断提高旅游安全保障水平，同时也可以通过合作实现共同发展。如旅游企业之间可以开展旅游安全服务质量竞赛，提高旅游安全保障水平。

从共生环境的营造来看，包括自然环境、政策环境、社会文化环境等因素相互作用。一是保护和改善旅游目的地的自然环境，减少自然灾害对旅游安全的影响。二是政府需要制定和完善旅游安全相关政策和法规，为旅游安全提供政策支持和法律保障。三是通过加强旅游安全文化建设，营造良好的旅游安全文化氛围。

共生理论基本原理中的协作与共赢理念也是旅游行业协会赖以生存和发展的基础。旅游产业和旅游协会是荣辱与共、共生共存的。没有旅游产业的存在，旅游协会本身就没有存在的价值和基础，其强调的是一种相互促进、相互激发的作用，即共生体和共生体间的共生关系和共生环境，或者共生体系中共生体自身存在状态。合作理论促进协会以增强与其他旅游参与者之间的联系，通过优势互补实现合作共赢，促进区域旅游和跨境旅游的发展。在共同合作理念指导下的旅游协会有了自身的组织架构，互惠互利成为指导行业协会规范自身行为的道德原则，指导业内活动，牵头形成行业规则，最终达到均衡和谐的目标。

全球经济发展推动跨区域、跨国交流激增，并且随着国际合作交流更加密切，跨国旅游壁垒因国际合作深化而渐消，合作并共谋发展符合世界旅游经济发展的总体趋势和每个国家的根本利益。跨国旅游国际合作推动旅游产品及其要素在不同区域间自由流动，是国际开发合作的一部分，建立国际旅游合作机制，促进世界旅游业发展的共生合作圈不断壮大，在尊重主权、平等互利的原则下，努力形成共同遵守的规则，以实现跨国旅游的发展，实现世界共生互益的良好局面。在国际旅游日益成为全球经济的重要组成部分的背景下，国际旅游治理显得尤为重要，以保障国际旅游业健康有序发展。

首先，新理论对国际旅游治理至关重要。为应对全球化发展趋势，国际旅游业正面临诸多挑战，如旅游资源的可持续利用、游客与旅游地居民的利益平衡等。新的理论能够针对这些挑战提出具体的法治建设目标，为实践指明方向。其次，新的理论能够丰富国际旅游法治建设的内涵。传统的旅游法治理论往往侧重于对游客权益的保护和对旅游市场的规范。但是国际旅游业的发展已经远远超出这些范围。新的理论能够涵盖旅游资源的保护、旅游产业的创新等方面，使国际旅游法治建设更加全面、深入。最后，新的理论能够推动国际旅游法治建设的创新。在全球化背景下，国际旅游业的发展呈现多元化、复杂化的趋势。传统的旅游治理理论已难以适应新的形势，新的理论能够借鉴其他学科的研究成果，提出创新的法治建设思路，为国际旅游治理注入新的活力。

第四章　基于共生理论视角下的国际旅游治理模式构建

随着生活水平的提升，国际旅游成为越来越多的人放松休闲、开阔视野的选择。然而，国际旅游产业发展中对于自然资源的过度开发等问题日益突出，国际旅游需要更有包容性与韧性的治理模式。共生理论通过多元共生主体在资源整合、利益均衡与动态适应中实现共生系统的平衡，为国际旅游治理提供了全新的理论框架，有利于国际旅游治理从“碎片化”向“一体化共生”演进。

第一节　国际旅游治理模式的构建原则

在社会的发展过程中，始终存在竞争与合作，在国际旅游治理中倡导和谐共生，就是将资源在合理的范围内进行共享，这就需要人们通过综合认知研究、评价研究和选择研究，对国际旅游治理环境中存在的各种价值进行排序，并作为基本原则被各国的治理行动所遵守。旅游业本身是一个庞大而复杂的产业，而国际旅游管理又涉及不同国家与地区管理制度体系的不尽相同，如何在共生理论下协调好各利益主体的诉求，最大限度发挥国际旅游治理的共生效应，构建基于共生理论的国际旅游治理模式，确立基本的构建原则是其先决条件。

一、协同发展原则

“协，众之同和也。同，合会也。”协同是共生的前提条件，国际旅游作为融合多种产业、多种主体的活动，必须统筹自然生态等要素的相互作用，构建多重共生单元嵌套的协同机制。一是产业协同发展。通过“旅游 +”模式促进产业融合，充分发挥旅游业对经济、文化的带动作用，党的二十届三中全会指出要“健全文化和旅游深度融合发展体制机制”[1]，这就在制度设计层面体现了对旅游业协同发展的考量。二是地区协同发展。要突破国界、行政区划限制，实现旅游资源整合和基础设施共享，通过整合旅游线路提升旅游资源使用效率和旅游质量。三是治理协同发展。依托政府机关和国际旅游组织搭建合作框架，达成跨境旅游的管理标准共识，实现国际旅游治理一体化。治理协同发展的深化，须以制度创新为保障、技术赋能为手段、文化互信为基础，最终实现国际旅游的持续发展。

二、共赢互利原则

共赢互利是共生理论下国际旅游治理所追寻的核心理念，也是其本质特征。国际旅游作为一种轻松的休闲方式，不仅促进了各国人民之间的文化交流，也助推了各国经济间的互联互通。从本质上讲，国际旅游是一个互利共赢的态势，如果每个利益相关国、利益相关者只考虑自己的利益，就会出现“非对称”共生现象，从而影响各方的利益均衡，进而导致共生关系的解体，造成大量制度壁垒，阻碍国际旅游的发展。因而，需要秉承互利共赢的原则，建立利益补偿、协调和沟通机制，促进各方利益均衡化、最大化，最终形成“以开放促发展、以共享塑共识”的全球旅游治理新范式。

三、可持续发展原则

旅游业被认为是绿色发展的“无烟工业”，但随着旅游业规模的不断壮大，旅游业对环境的污染问题也日益严峻，这是因为，游客在旅游过程中的“衣、食、住、行”会消耗大量物质资源，排放大量二氧化碳。旅游过程中产生的污染与破坏已无法由自然自身的净化能力消除，特别是国际旅游大多以飞机为交通工具，以大型酒店为休息住宿地点，其环境污染问题更为突出，必须在国际旅游治理中高度重视对生态环境的保护，保证旅游资源的可持续发展，不可因短期经济利益而牺牲生态环境。在旅游活动中，要力求减少对环境的负面影响，如减少废弃物排放、使用环保的交通方式等。在旅游

[1] 中国民族语文翻译局．中国共产党第二十届中央委员会第三次全体会议文件汇编 [M]. 北京：民族出版社，2024:57.

设施建设中，应推广可再生资源的使用，建设污水等净化处理设备。在旅游景点的运营中，要根据景区的接待能力对游客进行合理分流，及时清理旅游过程中的废弃物，加强景点卫生和消防管理。

四、公平正义原则

公平正义是共生理论下国际旅游治理的价值根基，其主要体现在三个维度。一是分配正义。要实现国际旅游发展中财富的分配平等和机会平等。从国际旅游产业的分布来看，凭借其经济优势，发达国家旅游产业庞大，而发展中国家的国际旅游产业起步晚、较落后，即便有优质的旅游资源，但开发能力有限。旅游产业由发达国家主导，如马尔代夫，豪华酒店多为外国财团投资，本地仅得租金和税收，无法形成产业链延伸，旅游业收益与居民生活改善脱节。因此，要打破发达经济体占主导的国际旅游市场格局，打破其在资本、技术、市场准入等方面的垄断，推动发展中国家和欠发达地区国际旅游业的发展。此外，通过政策协同提高欠发达国家旅游收益占比，建立“旅游资源收入公平分配”机制，防止开发商垄断资源损害原住民利益。二是空间正义。国际旅游的空间正义体现在旅游区的规划，应促进民生幸福，立足当地的生产生活，对原有传统文化风俗、社会生产关系给予尊重，避免通过旅游开发垄断资源，形成“经济飞地”“文化突出部”。三是环境正义。旅游业的环境成本与收益分配需平衡生态保护与地方福利，生态敏感区的旅游开发不能超出环境承载力。污染与资源消耗不能只由当地社区承担，游客、旅游企业都需要承担相应的治理成本。

第二节　国际旅游治理模式的构建主体与角色

游客受到尊重的本质是旅游治理体系对人的主体性的复归。政府间组织通过法理型权威确立尊重的制度框架，非政府组织以社会资本推动伦理共识，企业将尊重转化为服务生产力，社区以文化资本构建互惠关系，游客以主体能动性完成尊重的实践闭环。这一过程需在多元理论的张力中寻求平衡，最终形成以“尊严”为伦理内核、“多元共治”为路径的国际旅游治理新范式，使旅游成为不同文明间相互尊重的桥梁，而非文化霸权或经济剥削的载体。社会交换理论强调游客与目的地之间的互惠关系，尊重是双方交换的一部分。尊严理论则从哲学角度出发，认为每个人都有内在价值，都应受到尊重。利益相关者理论则把游客作为重要的利益相关者，治理主体需要考虑他们的权益。治理理论中的多元共治可能涉及各主体如何合作来保障游客权益。各构建主体对游客的尊重体现在各自扮演不同的角色上。比如政府间组织如何通过政策和标准来确保游客权益，非政府组织如何倡导和监督，私营部门如何提供尊重游客的服务，社区如何通过文化互动促进尊重，学术机构如何提供理论支持，游客自身如何通过行为促进相互尊重。

国际旅游治理的权利本位是一个核心的法律原则。它强调在旅游活动中，游客和旅游经营者的权利应得到充分的保障和尊重。首先，权利本位意味着游客的基本权利应得到法律的保护。这些基本权利包括但不限于知情权、安全权、隐私权等。游客在购买和接受旅游服务时，有权要求旅游经营者提供真实、准确、完整的旅游活动信息。同时，对于游客的隐私权，旅游经营者不得非法收集、使用或泄露游客的个人信息。其次，权利本位要求旅游经营者在提供服务时必须履行相应的法律义务。旅游法对旅游经营者提供符合约定的旅游服务，保障游客人身安全和身体健康等旅游经营者的服务义务作了明确规定。若旅游经营者未能履行这些义务，将承担相应的法律责任。这有助于游客在旅游过程中享受到合法、合规的服务。

权利本位还体现在对旅游市场秩序的规范上。旅游法通过设立严格的旅游市场准入条件，如旅行社的设立需满足一定条件并取得旅游主管部门的许可，以确保旅游市场的规范运营。这有助于减少不合规旅游经营活动的发生，提升整个旅游行业的服务质量和信誉。同时，旅游法还对旅游经营者在旅游活动中的违法行为进行明确界定，并规定相应的法律责任。这不仅有助于遏制旅游市场中的不正当竞争和损害游客权益的行为，还能为游客提供一个安全、有序的旅游环境。国际旅游法价值下的权利本位体现了对游客和旅游经营者权利的充分保障和尊重。旅游经营者在提供服务时应履行相应的法律义务，为游客提供安全、有序、高质量的旅游环境。

一、以游客为中心

在国际旅游中，游客是否受到尊重，有无幸福感和满足感，是衡量国际旅游价值的关键，其中游客的尊严感受是获取满足感的核心。尊严感及获得感在国际旅游服务中不可或缺，游客的物质需求和精神需求同样重要。

（一）如何让游客受到尊重

从伦理学本源看，游客尊严的核心是对“人作为目的而非手段”的终极信守。康德在《道德形而上学原理》中强调，“每个理性存在者都应永远被视为目的本身”，为旅游治理确立不可逾越的伦理边界，游客不应被简化为旅游经济的“消费符号”或目的地形象的“传播工具”，其作为人的自由意志、文化身份与人格完整性必须得到根本性尊重。这种尊严伦理体现在三个维度：

1. 存在论层面的主体承认

游客作为具有独立价值判断的个体，其旅游动机、文化背景与体验期待构成独特的“意义世界”。治理体系若忽视这一主体性，将导致“去人格化治理”，如过度标准化服务消解游客的个性化需求，或商业操控扭曲游客的真实体验（如强制购物链对消费自主性的剥夺）。世界旅游组织前秘书长塔勒布・瑞法依指出，“当游客被当作统计数字而非独特的人对待时，旅游治理就背离了其本质目的”。

2. 文化伦理层面的平等对话

旅游本质是跨文化互动的实践场域，尊严伦理要求治理体系要警惕两种异化：一是目的地文化的“展演化”，如将原住民文化简化为商业表演的道具；二是游客文化的“霸权化”，如以强势文化标准规训目的地服务。二者均违背了哈贝马斯“交往理性”所倡导的主体间平等对话原则，真正的尊重应建立在文化相对主义基础上，既反对文化中心主义，也拒绝文化工具主义。

3. 权利伦理层面的制度承诺

游客尊严需要具体化为可操作的权利体系，包括但不限于：一是安全保障权，如医疗急救体系覆盖。二是信息知情权，如透明的价格机制。三是隐私不受侵犯权，如生物数据的合规使用。四是文化免遭歧视权，如对游客提供平等服务。以上权利构成《世界人权宣言》第 27 条“参与文化生活权利”的旅游场域延伸，成为治理体系合法性的伦理基石。

康德认为，人的尊严是一种道德情感，正因为它的存在，人们在道德上才能够自律。虽然不同主体对尊严有不同的理解和标准，但尊严感是个体存在的直观感受。没有尊严的生活往往暗淡无光，缺少对自我的认可，缺乏归属感和幸福感的来源，失去人之为人的独特感受，而内心感受往往是支持个人在日常生活中获得较好精神体验和感受的基础。一个人能否被他人平等对待，获得他人的尊重，是一种区别于物质获得的高级精神感受。在旅行的过程中，要尊重各民族的风俗习惯。国外旅游消费者的人格尊严同样应该受到保护。

再结合世界各国的发展及研究情况，几乎所有国家均强调对民众尊严感的保护，尤其在强调人权及权利意识崛起的今天，尊严感是民众、团体组织、政府管理都在关注的重要方面。国际旅游活动作为世界经济交流的重要手段和人类文明生活方式的重要组成部分，它给各国旅游立法带来了调整和重新规范的必要，国家间达成开放旅游市场的协定，个人具备国际旅游的消费能力，加之交通运输条件的改善，促进旅游繁荣发展，如何保障游客权利或游客尊严是旅游法治研究的主题之一。

各国旅游业发展十分迅速，在各国国民生产总值中所占比例较高，但新的问题和矛盾也日益突出，于是各国相继推出应对之策以化解出现的难题。从而保障旅游业的良性运转，维护旅游消费者的权益。

美国明确旅游业各方责任与消费者受保护对象，通过判例法形成竞争关系。同时，该法制定了旅游方面的一系列单行条款，对旅行社在经营过程中应注意的事项进行规范。推崇公平正义的 FTC（美国联邦贸易委员会）法案是美国颁布的各项法律中的最大亮点。政府制定了与旅游资源开发有关的法律、经营者权利义务的规定，特别是对旅行社的规定等单项法规，以协调行业、消费者与政府之间的关系。以判例为主，用成文法规制，在执法方面，成立了联邦贸易委员会下属的独立执法机构，该机构具有专业知识，高度独立，可提供专业指导。同时，对中国执法权力机构的设置有借鉴意义，其集中设权有利于案件的有序开展，从而避免权力分散带来的执法混乱。分工明确，避免权力集中而滋生腐败。

另外，日本政府在立法方面也制定了一整套法律体系，主要分为旅行社法、翻译导游业法、国际旅游振兴会法及旅馆业法等，这些法律均以旅游基本法为根本，对旅游业的振兴与发展具有指导作用。同时，其规定相较于中国旅游法更具体细致，可以提升境外旅游的接待水平，提高导游服务水平，加强对日本传统文化的介绍，吸引游客到日本体验、旅游。日本政府制定了一系列专门法律，以应对旅游业发展中出现的新矛盾，同时，也重视法律的修改。1963 年日本制定的旅游业基本法经修订，能够适应时代发展变化需要，并在行业中使用相应的条款，该法包含旅行社与游客缔结合同时办理业务程序和费用、金钱退赔、旅行社责任等有关游客切身利益的内容，因此，日本在制定旅行社与游客缔结合同时，在一定程度上保障了游客的权利，使游客内心感受到被倾听，情感价值得到实现，尊严意识得到满足。

日本的旅游业成为世界著名的旅游目的地之一[1]，除了自身的旅游风景考量，绝大部分原因在于其完善健全的旅游市场为游客提供了具有获得感和尊严感的服务。对很少被关注的“适用除外”的规定也是非常详细，虽然中国也规定了“适用除外”，但相较于中国针对的对象和范围较窄且不具体，因此中国在这条道路上要博采众长，去粗取精，真正实现“适用除外”的目标。

在执法方面，日本更注重源头治理，而中国更关注事件发生后如何妥善解决和处理。由于旅游行业市场准入门槛低和从业者的整体素质不高，无法保证行业的服务质量。欧盟制定的诸多有利于游客的规定，在接待和承办单位方面，分担了更多的责任。如在宣传旅游产品时，旅行社必须提供书面材料，要求内容详细，如果提供与说明不符的产品，旅行社要承担全部损失，除非是因为交通费、机场费、汇率等变化导致的价格变动，否则在任何情况下签订的合同是不能随意更改的，如果核心条款因情势变更而无法实现，那么应当征求游客意见，尊重游客想法解决或撤销合同，向游客退还已垫付的费用。

宪法规定不得侵犯公民的人身自由，《中华人民共和国民法典》第 109 条规定：自然人的人身自由和人格尊严受法律保护。人身自由和人格尊严的

[1] 王巧．中国旅游消费者权益保护法律制度研究 [D]. 蚌埠：安徽财经大学 ,2016.

基本内涵也以法定条款的形式确定下来，按照法律涵摄和解释，即把经分解的事实归入法律规范的构成要件中去，经过对案件事实的认定、对案件事实进行分解、按照规范要件提取法律上的事实、将事实归入法律规范规定的要件四步，再通过法律论证，游客的尊严自然能被包含于其适用范围中。从根本上来讲，游客尊严感的基本保障表面上只是个人的心理获得感，但经过深入分析不难发现，实际是生存精神层面，而感受到来自旅游中的权利得到保障，通过旅游软环境、服务、配套保障得以实现。包括获得精神愉悦体验的需求能被满足；旅游中被公平对待、承诺兑现，合同按要求履行、权利获得保障；不被贬低和人身攻击等。另外，旅行中游客与导游的矛盾也是重点关注的部分。在旅游中被强制消费，因为没有购物或购物不达标很可能遭受导游的“不平等”对待，高兴出行、扫兴而归的旅游体验比比皆是，如此的旅游无所谓有否尊严的问题。导游与游客，商家与游客，游客与游客间的矛盾，在国际旅游中也是如此。

目前，旅游行业中存在“短时性”“暴走式的服务体验”及“看人下菜”的区分式服务问题。游客预期的旅游目的无法实现。同时以旅游公司主导的游览模式，使游客自主性全无，破坏游客旅游体验，如不同服务条款解释纠纷、区别国籍待遇、差别服务体验。类似种种，导致矛盾不断升级，发生诸多法律纠纷。侵犯消费者知悉旅游信息的权利。旅行社提供给游客的大多是事先订立好的格式合同，游客很难有自主选择权。而旅游市场作为一个特殊的市场，也有其他行业所不具备的综合性。其包含着各种旅游资源，而游客处于被动地位，在旅游信息披露制度上，造成旅游信息披露方面既有距离的生疏。同时，旅游经营者基于主体优势的信息垄断或内容虚设部分，吸引游客获取不正当利益的动机不断膨胀，这使游客与旅行社之间的信息不对称问题更加严重。

人民日益增长的美好生活需要和不平衡不充分的发展之间的矛盾是当前社会的主要矛盾。社会发展中的游客尊严感源于整个旅游过程，而这种尊严感亦是公民幸福感的一个方面。如何保障这种尊严感，民事主体之间存在不同的利益追求，个人也会为自己的利益而斗争。在旅游目的地的选择中，游客将自身美好的旅游愿景表达出来，进行出行路线策划、交通住宿等预订，整个过程涉及购买旅游服务或咨询等各类服务，在旅游法律合同及其他合同签订中，当事主体间就形成法律上的服务关系，自然涵摄游客尊严感受要素，具体可体现为按照合同提供满足消费者的出行体验、周到细致的服务、令人愉悦的旅游环境、旅游中的平等待遇，等等。在平等的法律主体间，应当有平等的话语权，私法领域的基本价值是意思自治、自由平等，在旅游活动中表现为游客与旅游经营者的平等对话、协商自治，游客获得尊重，意愿得到表达和满足。此外，游客的尊严还源于旅游人身权的保障，尤其是人格权的保障。游客旅游的基本人身安全，即生命权、身体权、健康权等物质性人格权及个人隐私、个人信息等，是安全、身体的健康、选择旅游地的自由、生命安全保障措施、餐饮安全等游客尊严的来源。精神和物质，或者说精神和身体的安全是游客的尊严保障的前提。《中华人民共和国民法典》第996条规定，“因当事人一方的违约行为，损害对方人格权并造成严重精神损害，受损害方选择请求其承担违约责任的，不影响受损害方请求精神损害赔偿。”该条内容的规定是加害给付，违约造成严重精神损害后果时可以请求精神损害赔偿。这一条文的规定适用于增加愉悦体验的合同，严重损害游客尊严获得感的亦应在此行列，即游客的尊严和外在感受。在学术研究中，旅游体验已普遍受到国内外研究者的关注，体现了对游客尊严及满意度的重视，能否为游客提供难忘的旅游体验成为旅游企业在激烈的市场竞争中获得优势地位的关键，了解游客的体验及提高对游客的服务和意愿的尊重是旅游业的默认服务重点，也为未来旅游服务行业的发展和变革突破提供了空间。

作为全球旅游治理的“治理共同体”，政府间组织通过制定具有软法效力的伦理规则，为游客尊严构建制度性保护框架。1999年通过的世界旅游组织《全球旅游伦理规范》，即对尊严原则的体系化表达。该规范是旅游领域最具权威性的伦理文件，其第二部分“游客的权利与义务”专章确立尊严保护原则。不丹政府依据该条款，将游客入境前的文化培训设为强制程序，既保护本土文化尊严，还引导游客以谦逊态度参与体验。非歧视条款（第6条）：明确“游客在旅游活动中应免受任何基于种族、性别、宗教、残疾等的歧视”。欧盟《旅游服务指令》进一步将此转化为硬性规则，要求成员国旅行社不得在产品描述中包含歧视性内容，保障残障游客享有与普通游客同等的服务获取权。脆弱群体特别保护条款（第8条）：针对未成年人等群体，规范强调“特殊照顾义务”，为游客提供无差别的身份核验服务，避免因证件问题导致的尊严伤害。亚太经合组织（APEC）《可持续旅游宪章》、非洲联盟《旅游发展伦理准则》等区域文件，结合本土语境强化了对游客尊严的保护。

非政府组织作为“伦理守门员”，通过多元机制推动旅行社将《可持续旅游宪章》原则转化为实践行动。政府间组织制定与非政府组织的监督履约形成“刚柔并济”的治理体系。前者确立“最低伦理标准”，后者推动“最佳实践扩散”。当某国旅行社违反世界旅游组织反歧视条款时，国际消费者协会可依据《可持续旅游宪章》向该国旅游部门发起问责，同时非政府组织通过全球旅游平台对涉事旅行社实施消费警示，这种双重压力机制显著提升了伦理规范的执行力。数据显示，2015—2025年间，全球旅游投诉中“尊严侵犯类”占比从32%降至11%，彰显了伦理治理体系的实效。游客尊严的治理保障，本质是将抽象的伦理原则转化为可操作的制度链条。政府间组织以宪章构建“应然”的价值坐标系，非政府组织以监督机制填补“应然”与“实然”的鸿沟，二者共同编织起旅游治理的伦理防护网。当每个游客在异国他乡都能感受到“作为人被平等对待”的尊严时，旅游才能真正成为增进人类相互理解的文明纽带。

（二）如何提升游客的幸福感和满足感

游客的幸福感与满足感本质上是主客观统一的体验结果，既依赖于基础设施、服务质量等客观条件的完善，更取决于情感共鸣、文化认同、自我实现等主观意义的建构。从治理视角结合心理学理论与实践案例，构建需求满足、情感联结、价值实现的递进式提升路径。

马斯洛需求层次理论指出，生理需求与安全需求是人类幸福的根基。结合具体的旅游场景，游客对住宿、交通、医疗等基础服务的可靠性预期，构成其幸福感的“底线标准”。一是基础设施的适老化与包容性改造。日本观光厅推行“银色旅游认证”，要求AAAA级景区配备无障碍坡道、多语言急救指南、夜间照明强化等设施，使老年游客的满意度从2018年的62%提升至2023年的81%。挪威国家旅游局联合铁路公司推出“感官友好型列车”，为孤独症游客提供静音车厢、压力缓解玩具包，将特殊群体的旅游幸福感提升指数提高47%。二是安全治理的技术赋能与透明化。新加坡旅游局开发

“安全旅行地图” App，实时标注景区承载量、治安风险点、医疗救援站位置，结合 AI 算法为游客定制安全路线，使游客安全感以 10 分制评分从 7.2 分提升至 8.9 分。冰岛建立“极端天气应急区块链系统”，通过智能合约自动触发航班延误赔偿、酒店免费续住等机制，将不可抗力事件中的游客负面情绪转化率降低 63%。

自我决定理论强调，自主感、胜任感、归属感是幸福感的核心心理需求。游客对体验的掌控感、文化理解的深度、与目的地居民的情感联结，直接影响主观幸福感。赋权型体验是从“被动消费”到“主动共创”的过程。不丹推行“国民幸福总值旅游模式”，允许游客参与当地农耕、唐卡绘制等文化实践，通过“体验贡献度积分”兑换传统服饰制作等深度活动，使游客幸福感均值达 8.6 分。荷兰鹿特丹推出“游客城市规划师”项目，游客可通过 VR 技术参与港口区改造方案投票，被采纳建议者获得“荣誉市民”称号。情感化服务是从“标准化接待”到“同理心关怀”的过程。泰国清迈“微笑服务认证”要求从业者掌握基础心理学知识，如通过微表情识别游客焦虑情绪，主动提供薄荷茶、休息角等安抚服务，使“服务暖心度”成为游客幸福感的首要影响因子。加拿大班夫国家公园培训导游成为“自然情感翻译官”，在讲解冰川地貌时融入因纽特人关于“大地母亲”的传说，使游客自然景观的情感投入度提升。

积极心理学的“心流理论”指出，当活动难度与个体能力相匹配时，个体会产生高度沉浸的幸福感。旅游若能为游客提供超越消费层面的价值实现机会，可激发持久的精神满足。肯尼亚建立“旅游碳汇银行”机制，游客可选择支付额外费用认购当地社区的植树项目，获得区块链认证的“碳汇贡献证书”，参与该计划的 78% 游客认为旅行“更有意义”，重游意愿比普通游客高 41%。哥斯达黎加“幸福旅游税”将住宿费用的 1% 纳入社区发展基金，游客可通过 App 追踪资金使用情况，如资助建设乡村学校图书馆，使“利他性消费”成为游客幸福感的重要来源，占比达 27%。意大利五渔村推出“家庭记忆守护者”项目，邀请祖孙三代游客共同参与橄榄采摘、葡萄酒酿造，制作包含方言录音、手工作品的“记忆胶囊”，使家庭游客的情感联结指数提升 3.1 倍，相关体验产品复购率达 65%。中国敦煌研究院开发“数字供养人”计划，游客通过在线临摹壁画获得虚拟供养人身份，累计积分可兑换实体壁画修复参与资格，使文化体验的使命感驱动幸福感提升 59%。

综上所述，提升游客幸福感的本质，是将旅游从“资源消耗型产业”转型为“价值创造型生态”。当治理体系能够精准识别游客的需求层次，从基础安全到自我实现，并通过制度创新为每个层次的需求提供实现路径，旅游便不再是短暂的愉悦体验，而是成为个体生命历程中具有建构意义的幸福关联。转变观念不仅需要技术创新与服务升级，更需要治理理念的根本转向，从“游客满意度”管理到“人类命运共同体构建”的认知跃迁。唯有如此，旅游才能真正成为增进全球福祉的文明纽带。

国际旅游中的文化背景、语言，以及空间和时间上存在差异。随着矛盾纠纷增多，旅游企业忙于应对游客投诉，无暇顾及服务质量的持续改进。因此，关注和探索在不同的旅游情境下旅游体验的情感触点，在不同的旅游体验中，将游客不满意的内外因进行对比，在具体的研究中探讨积极情感和消极情感的产生极为重要，旅游中的消极情感是游客投诉产生的源头。旅游体验中的情感有多种来源，而旅游体验质量是游客对其旅游体验优劣程度的评价。个人遭遇了消极体验或负面体验，如受物理环境、氛围环境、服务接触、人际互动、游客需求及预期目标的影响后，个人的体验尤其是在跨国旅游体验中，游客基于个人旅游目的的满足程度来表达个人情绪，使实际的旅游出行具有复杂性和多样性。我们在这部分主要探究游客负面体验下的投诉原因。

1. 游客投诉的成因分析

权益或权利未得到保障，旅游服务体验差距大。旅游合同双方本应该按照约定履行各自的义务，然而实际的情况往往不尽如人意。跨境旅游中的差别服务。在问题和矛盾出现后，游客维权渠道不畅，旅游中出现浪费时间、金钱和精力的情况，以及争执等问题。总的说来，无法依据现有法律条款解决问题。这是需要重视游客尊严的重要原因，虽是游客抱怨行为的主观评价，但也是客观事件下所触发的讨论的基本点。

无论是境内旅游还是出境旅游，都涉及住宿、交通、旅游服务企业及景区管理部门等。旅游法的出台，一方面标志着中国旅游法治建设和依法治旅的重要里程碑，为填补现有旅游法律法规的空白，更全面地保障各方主体的合法权益；另一方面，使游客增强依法维权意识和文明出游意识，促进中国旅游产业结构升级和变革，有效遏制旅游乱象。

第一，不文明行为的规制效果不佳是目前最典型，也是较为严峻的问题。“遵守旅游文明行为规范”，这是《中华人民共和国旅游法》第13条对游客提出的要求。在这类不文明行为面前，旅游法苍白无力，游客不文明行为已延伸至国际旅游事件中，对于公共资源、公共环境、他人福祉和直观感受造成损害，忽视道德约束力的行为对共生视域环境造成巨大威胁。在入境旅游中，旅游文化、地区间生活习惯的差距及其带来的冲突和矛盾依然存在。如双方沟通不畅、未按合同履行等。而在出境旅游方面，对于旅游目的地文化和法律的知识缺失，衍生出诸多不文明行为。

第二，不文明行为的违法成本很低。旅游法中以“不得”和“应当”的规定字眼居多，实际发生处罚行为时“不得”“应当”的规定需援引其他规范。在16条法律责任条款中，更多地以“违反本法规定由旅游主管部门或者工商行政管理部门处罚”体现规制，尤其以“没收”或“罚款”规定居多。暴露出法律保障的缺失。全法共十章112条，明确了权利和义务，包括整部旅游法的总则、游客、旅游规划和促进、旅游经营、旅游服务合同、旅游安全、旅游纠纷处理和法律责任等内容。然而，在具体的法律语言和技术设计上，大多是“有权”“应该”对于依靠行政法规中的内容进行处罚，处罚力度小、违法成本极低。因此，在现行游客不文明行为处罚措施的实际执行情况下，仍然无法提升游客的旅游体验值。

第三，旅游景区管理水平与承载力的矛盾差距大。在全球气候变暖背景下，绿色、节能、高效的可持续发展道路已成为全球发展共识，以旅游业为代表的第三产业蓬勃发展。然而，在经济发展的利益驱动下，大多数景区为获取经济收入，不顾环境最大承载力，仍以经济效益为中心；旅游景点规划不合理，假日出游的人数增多，造成环境承载力与设施不匹配的矛盾，必然损害游客的权益。

第四，体系化旅游权益保障措施尚未形成，旅游法中的本土意识与法律开放性问题尚未解决。在国际化及国内旅游中，旅游法缺乏配套的具体法规和实施细则是问题之一。许多旅游纠纷问题依然“无法可依”或“有法难依”。非法“一日游”等在旅游法颁布后虽收获一定效果，但假以时日公众对这类行为的关注度下降，县级以上人民政府或组织旅游主管部门在具体执法和行动中也就缺失了最初的“最强动力”。

第五,一些游客的不文明行为影响其他游客的游览体验，游客间的矛盾增加。因此，深入揭示游客文明旅游行为对国际旅游的影响机制，探究游客投诉的根源和解决问题的途径至关重要。

随着经济的快速发展，人们对精神上的满足与快乐的需求日益增长，促使旅游业快速发展。旅游消费者权益受侵害，问题接踵而至，这些问题直接关乎国际旅游业健康发展。当然，新的消费行为改变了原有的消费观念，结合社会发展趋势，以公平、诚信原则统筹经济、文化和法律，让旅游与舒适具有尊严。

2. 游客投诉的真实诉求

投诉源于信息沟通不畅，高投入与低体验失衡，以及法律实际效果与个人预期存在差距，当事人心理落差大，进而通过媒体和网络发声维权。

(1) 文明有序的共生旅游环境体验

立法严惩与景区提升管理水平仅为辅助手段，游客应牢固树立文明旅游法律意识，自觉守法履责，才是文明旅游的关键。同时，旅游服务主体需增强社会责任感，遵循民法和经济法等法律规范，方能打造守法、文明、安全、高效、绿色的旅游环境。在旅游的基本环节中，旅游目的地景观视觉感受是游客获得愉悦感的基础。

(2) 诉求维权渠道畅通高效

当下旅游虽有诸多保护机制，但损害仍难免。在旅游过程中发生纠纷，当事人可协商、仲裁和起诉维权。面对复杂的纠纷，有时仅依靠磋商和协商无法达到满意的效果。若采用仲裁，须以经营者同意为前提，游客处于被动地位。而诉讼无需经营者同意，游客可以自行提起，但诉讼存在时间成本、经济成本，及诉讼本身举证困难，对非法律专业的当事人存在程序复杂等问题，此外旅游诉讼地离本人常住地较远，异地处理给维权带来困难，消费者的许多权益难获法律保护。因此，可通过景区短时高效投诉服务系统、旅游部门投诉事故解决管理办法、提供法律和社会监督渠道、分类查处规范团费治理、开通定价公众监督渠道等，保障国际旅游中游客的权利。在国际化旅游背景下，诉求渠道是否畅通是衡量旅游体验目标是否达成的标准之一。

(3) 舒适的旅游服务效果

国内外旅游服务关乎游客直观体验，影响游客诉求的满足感。合理承载量、交通情况、项目设计和服务可以从把控景区等方面打造舒适旅游服务，采取提前售票、“错峰降价”等措施，完善景区的服务并加强日常监管，契合实际需求，是满足游客诉求的关键。

(4) 信息披露以保障游客知情权与选择权

游客权益受侵害，常因信息不公开。信息公开后，游客可提前了解和判断，在充分掌握信息的基础上选择资质、信誉、服务较好的企业。社会实践表明，信息披露是公众选择的必要因素。尤其在缺乏统一量化标准的背景下，人们通常依靠口口相传来获得信息。而通过信息对外披露，可以倒逼旅游经营主体从内部管理中规范行为，因此信息披露也是公众的基本诉求之一。

(5) 法律保障及国际化的法律服务合作

所有服务活动均需其他旅游法规为后盾，就中国而言，目前的旅游法律法规体系尚未构建完成，已有旅游法中的概括性条款、部分领域内容缺失，致使出现“无法可依”或“有法难依”的情况。故现有法律规定内容和实际情况需要制定实施细则，以更明晰化的服务及体系化的法律保障服务内容，为旅游国际化提供制度保障。

民法典总则、分则六编及附则内容为民事活动提供了法律保障，为社会公平正义的实现提供了法治基础条件和良好的社会环境，合同编内容的完善为国际旅游中关于旅游合同的签订提供法律行为模式，人格权编规定人格尊严不受侵害的基本原则。对于严重损害市场经济行为，则纳入刑法监控管理范围。以民法典和市场准入法为统领，以宏观调控基本规则、刑事手段及其他监管法规齐抓共管，共同保障旅游公众的利益。

二、政府的角色与职责

《关于21世纪旅游议程》是1996年由世界旅游组织（UNWTO）、世界旅游理事会（WTTC）和地球理事会（Earth council）共同制定的。针对政府主管部门、全国旅游管理机构和代表性行业组织直接影响旅游经济的稳定和持续发展而专门制定的统一行动制度框架。主要观点认为，政府对旅游产业发展的定位和扶持力度，才是决定区域旅游发展水平的重要因素。旅游行业管理依赖体制供给不足，阻碍了国有旅游企业完全走向市场的旅游管理体制变革，导致旅游管理体制执行机制效率低下，存在旅游业赖以生存的自然资源及其由此形成的旅游品牌被过度利用和滥用的危险。

在时代发展背景下，结合中国国情及世界发展趋势来看，发展服务业尤其是以旅游业为代表的服务业是重要的经济发展模式。中国提出旅游强国的目标，围绕旅游业自身特点，考虑到各地资源禀赋差异对旅游业的影响，在比较和借鉴各国旅游制度与法律规制的方法及路径的同时，对不同地区采取政策倾斜保护的方式，逐步实现了地区整体向国际路径迈进，同时由于国家对各地区旅游发展的体制存在差异，各地政府在对待旅游发展的态度、扶持力度等方面也各不相同，这些是导致各地区旅游发展体制差异的重要原因。

首先，国家政策和制度的关注面中增加了世界性的视角，注重旅游行业发展的创新。中国在建设世界旅游强国的过程中，从创新发展的角度出发，全面考虑行业的创新，从制度设计上高度重视旅游多元主体的制度建设。把政府旅游管理的体制创新、旅游产业高效运行的制度创新、旅游产业转型升级的制度创新，实行旅游政策和旅游市场的有机配套结合，形成与世界旅游强国相匹配、也切实能够支撑世界旅游强国发展的旅游制度体系。[1] 其次，从全球视野出发，改变区域孤立局限的发展模式，推动区域从产品创新制作到市场过程中的制度设计，加快对行业组织架构及环境制度的设计保护及安排，加快形成世界旅游强国的中国特色。结合国际旅游的特点，实现中国旅游从区域化向国际化的发展。同时，结合全国大部分省市区政府在政策引导、产业发展等方面存在的差距，以及各地区的地位和宏观制度环境背景等因素，将旅游业确定为本地区的支柱产业、主导产业和先导产业并非一蹴而就，而是对影响旅游发展的区域实情和内外因素进行科学分析，对区域旅游行业地位进行合理定位，找准适合区域特点的旅游发展体制模式，有效避免因体制变革、推动体制变革经济绩效、促进旅游可持续发展带来的路径

[1] 周琳．中国旅游业的制度创新研究 [D]. 长春：吉林大学 ,2014.

依赖的负面效应。[1]最后，由政府引导，加强不同专业领域的合作创新及宏观调控。

三、国际组织的作用

随着国际旅游规模的扩大与人数的增长，以联合国世界旅游组织（UN Tourism）、世界旅游及旅行理事会（WTTC）、世界旅游城市联合会（WTCF）、国际航空运输协会（IATA）、区域性旅游组织、世界旅游联盟（WTA）为代表的各种国际组织在国际旅游领域取得了显著进展，成为连接游客与旅游目的地的重要纽带，国际旅游组织是指在全球或区域范围内推动旅游业发展、促进国际合作、制定行业标准或提供专业服务的机构。其成员来自不同的国家和地区，其核心作用是帮助各国制定旅游战略，消除签证壁垒，提供全球游客流量、消费趋势等数据。形成国际旅游规则的相关共识，协调各方利益诉求，成为国与国之间的“润滑剂”，塑造国际旅游的共生生态。

国际旅游组织能够统一制定国际性旅游公约、规则。既能够扩大国际旅游组织的影响力和知名度，也能使相关的旅游标准共识获得更多国家的认同，促进各国的旅游规范与国际接轨，提升地区旅游治理的现代化水平。实现让具有典型性的旅游景点“通过自身的不断提升和完善，与国际旅游组织共同制定国际标准，共同为全球旅游治理体系输出经验和理念”[2]。各个成员单位在参与国际旅游标准制定时，都可以努力发掘国际推广意义，丰富细化国际旅游标准，打造更多具有普遍性和实用性的国际旅游行业标准。例如国际标准化组织（ISO）发布首个由中国牵头的旅游国际标准《旅游及相关服务—旅游信息咨询服务—要求与建议》（ISO 14785:2024），规范全球旅游信息咨询服务的质量和流程，推动数字化与智能化技术应用，为国际旅游的发展贡献中国智慧。

国际组织能够扩大旅游品牌的知名度。游客对旅游景点的选择，除了费用、距离等客观因素，景点的知名度对游客的选择也至关重要。对于旅游景点而言，品牌化是提升知名度的不二法门，“在目的地品牌化战略中，文

---

[1] 余凤龙，陆林．制度变迁下的中国区域旅游发展与差异研究 [J]. 人文地理 ,2010,25（03）:124—127.

[2] 尹寿兵，刘红婷．国际旅游组织介入背景下山岳型景区治理演化路径研究 [J]. 自然资源学报，2021, 36（5）: 1316—1333.

化和遗产资产通常发挥着重要作用”[1]。联合国下属的国际教科文组织，其于1972年通过《保护世界文化和自然遗产公约》(简称《公约》)，并成立世界遗产委员会作为执行机构，每年召开会议审议遗产提名及管理问题。该遗产名录提升了景区知名度、推动了保护资金援助、促进了当地旅游业可持续发展。截至2025年3月，中国已拥有59项世界遗产(包括39项文化遗产、16项自然遗产和4项双遗产)，数量居全球第二。这些遗产不仅是中华文明的象征，更是通过国际组织认证与旅游开发，实现了文化价值与经济效益的双向提升。此外国际组织通过发行旅游年鉴、进行奖项评选进一步扩大了各国优质旅游景点的知名度。

国际组织能够加快创新技术在国际旅游业中的应用。以人工智能技术为代表的科技革命的爆发成为国际旅游高质量发展的催化剂。国际组织有利于整合行业资源，赋予国际旅游业生机与活力。2024年4月22日，世界旅游及旅行业理事会与微软公司合作发布了关于人工智能结合旅游的报告，分析人工智能技术在旅游行程规划、旅游过程的碳排放管理中的应用前景，积极实现跨行业的高科技合作。在国际组织的汇聚效应下，旅游业正逐步迈向智能化时代，倡导成员单位运用大数据、AR、人工智能等技术，搭建全球性的旅游综合信息服务平台，运用人工智能技术对游客数据进行分析与挖掘，提高国际旅游的治理能力和治理水平。

四、旅游企业的责任

旅游企业的责任不仅限于提供优质服务和创造经济价值，还需在可持续发展、社会责任、环境保护和文化传承等多方面承担重要角色。随着数字化智能技术的迅猛发展，生产性劳动外延的扩展，新的劳动形态的出现，非劳动要素参与分配等推动旅游优质发展的重要引擎——旅游企业发展新质生产力，创新驱动旅游全要素生产率的提升。显然，从中国旅游发展的现实出发，从新质生产力发展的内在逻辑出发，旅游企业必须形成高质量发展的态势，国际旅游面临着如何摆脱传统旅游经济增长模式，如何摆脱传统旅游产业发展模式的难题。一方面通过数字化产品、智能化技术所提供的劳动产

[1] [澳]麦克切尔、克罗斯.文化旅游与文化遗产管理[M].朱路平，译，天津：南开大学出版社，2006:165.

品进入旅游市场进行分配；另一方面通过绿色旅游，实现文化与旅游为主体的深度融合，加速中国旅游转型升级。

(一) 旅游企业如何发展新质生产力

商业旅游模式下催生了各类旅游服务，旅游企业主体及其雇用劳动者在旅游活动中主要通过各类劳动促进旅游业的发展。在全球市场经济运转过程中，旅游企业在拉动经济增长、促进消费、增加社会就业、加强人民交流等方面发挥了积极作用。其中只有管理和劳动关系明确，保障劳动者在受雇用劳动过程中能够以个人的劳动付出获得薪酬待遇，才能实现企业劳动者与旅游和谐共生互益的目标。

一是劳动者在旅游行业快速发展的背景下引发社会矛盾。通过法律明确界限和禁止性事项后，一定程度上提高了对于旅游劳动的要求，以法律的形式限制了个人所得利益的获取，当关涉自己的经济利益减少时，在实际劳动中的积极性会受到影响。

二是国际旅游发展中，现有法律法规对国际旅游企业的主体责任需加以明确，现有法律实践中存在执行力度不够、国际旅游企业劳动监管面窄、操作难度大等问题。执法机构规模小、执法人员少，与其他领域监管力度尚有差距，执法人员在素质、能力等方面还不能适应旅游业快速增长的需要和人民群众日益增长的需求。旅游监管职能交叉，旅游中经常出现责任不清、相互推诿扯皮的现象，如合同、安全等，有的地区甚至出现了监管真空。

三是劳动法律关系主体双方法律关系构建中的不平等。虽然行政和司法部门对各类劳动法律关系进行了调整，但法律法规和各个部门更多是以宏观内容为出发点，实际劳动合同内容还是由企业和劳动者来确定。企业作为绝对的优势方，劳动者本身不具备商讨的空间。因此，从一开始的进入环节，存在侵害劳动者权益或损害劳动积极性的行为，提供劳动的过程中也存在纠纷或风险。旅游法规定的旅游规划实施评估、景区开放、景区流量控制、安全风险提示等重点制度和危险性较大的旅游项目，配套法规和制度建设还没有制定配套法规和规章。对其他条例规定等与旅游法规定的不同点，现行法规规章中的条款内容尚未及时修订。由于配套法规制度建设的滞后，一定程度上导致市场主体对旅游法的认识不到位，旅游企业提供的服务多为有偿社会服务性劳动，在具体劳动形式、活动形式、生产社会效益和使用价值等方面还存在一定的认识不到位等问题。在生产活动中，有偿性和劳动的关系密切，履行服务合同的实际情况往往超出法规现有的基本范畴。

四是国际化视野下的劳动服务差异短期内难以消除。受旅游业态的影响及服务行业属性的限制，旅游企业的人力资源呈现出特殊性。政府的组织对于“劳动”本身属性的具象关注度不足，其更多是从制度和法令的宏观规定出发来确定内涵。要建立综合协调统一的国际旅游劳动服务机制难度较大，目前更多的是以临时性规定或是长期交往中所形成的习惯来处理问题，还没有从根本上改善旅游市场秩序中存在的突出问题。劳动服务差异主要表现在以下四个方面：①收入与福利鸿沟。发达国家与发展中国家岗位收入差距可达数十倍。如北欧国家提供全面的医疗、育儿假等福利，而发展中国家旅游服务从业人员缺乏基本保障。②技能与交易分层。高技能劳动力集中在发达经济体，低技能劳动力则更多流向制造业或服务业。③服务标准与职业文化。④劳动权益与法律保护。工会力量的强弱直接影响劳动者工会覆盖率为10%，瑞典为70%。

五是国际旅游特色和人才队伍建设后劲不足，不能适应国际化旅游要求，各国对国际旅游劳务服务尚未形成规范化、常态化、制度化的运营管理模式。由于一些旅游资源具有季节性，游客的旅游时间受到假期等因素的影响，导致旅游企业对员工的需求量也具有季节性。旺季游客人数显著增加，旅游企业也很难从已有的员工中培养出一批具有跨国沟通能力及经验的高素质人才。受行业的特征限制、人才培养机制和行业制度设计的限制，国际旅游企业的劳动力无法适应旅游国际化的需求。

总体上，需要坚持和发展劳动价值论，运用劳动价值论对新现象进行观察和判断，并对新问题进行分析和解决，才能促进中国旅游业高质量发展。新的生产力发展问题和新的消费力发展问题在旅游领域同样存在。旅游新质生产力发展格局的形成取决于在消费需求决定生产供给的规律作用下旅游新质消费力的发展状况。劳动服务差异本质上是全球化不均衡发展的缩影，其消除需依赖技术进步、制度创新与文化变革的协同作用。短期内，各方应致力于差异管理而非强行拉平；长期则需构建更具包容性的全球旅游经济治理体系，使劳动力价值在不同语境下的单公平衡量与回报。

（二）国际旅游企业服务如何转型升级

国际旅游企业的服务转型升级是应对市场变革、技术革新和消费需求升级的必然选择，尤其在全球化竞争加剧和可持续发展压力增大的背景下，需从技术驱动体验优化、生态共建等维度进行系统性变革。服务视角主要从获得或者享受服务的主体一方来体现。仅作为劳动考虑的企业者，缺少对国际旅游业务本身的职业的价值满足感。

首先，在以国际旅游业为代表的服务业的主导地位越来越显著的同时，数字化转型重构服务流程成为新趋势。如换程“智能行程规划”利用 AI 分析用户行为数据，提供个性化推荐，通过动态这技术法优化酒店和机票销售。通过虚拟（VR/AR）目的地预览、文化遗产数字化导览，如谷歌 Arts & Cnlture 的 VR 博物馆。

其次，旅游行业相较于其他服务行业，具有高接触性、高参与性、高互动性特征。在游客与服务提供者的互动过程中游客的对待方式直接影响员工的服务心理。

最后，服务中的职业认知偏差、个体的消费游客与企业的大规模阵势间抗衡力的失调。长期劳动合同履行过程中的劳动法律关系主体双方权利地位的不对等，也造成工作人员积极性不足的问题。

国际旅游企业的“劳动”与“服务”二者间是互益共生的法律关系，国际旅游市场的兴起及国际旅游的出现，使劳动与服务二者间开始呈现异化的法律现象，影响旅游国际化发展。如何化解二者之间的矛盾，促进和谐共生关系，是国际旅游治理必须协调处理的重要问题。

五、非政府组织行业协会的参与

旅游协会在行业内按照协会的自律管理章程进行约束和规范，形成了行业协会在市场经济发展中的组织管理和约束机制。国际旅游行业协会作为非政府组织，可以起到协调矛盾的作用。国际旅游行业协会的出现和壮大，有着特殊的历史背景和意义。西方发达国家发展市场经济的实践经验证明，作为协调政府与市场关系重要桥梁的非官方组织——行业协会，在促进行业管理和行业发展的过程中，起到了政府和企业自身不能替代的作用，弥补了政府失灵和市场失灵在经济发展过程中的缺失，充当了“第三部门”的角色。作为连接社会与政府的协调器，行业协会在许多发达国家一直扮演着举足轻重的角色。

行业协会是自发性的、会员性的、市场性的、行业性的、非营利性的、非政府性质的、互惠互利的社会团体，是行业协会的组成部分；同时它也是介于政府与市场间的独立社会中间层，充当政府、企业与市场间的纽带与桥梁。中国旅游行业协会起步较晚，是在企业以追求最大利润为目标的同时，顺应市场的需求而产生的。以倡导企业提供公益服务为宗旨，以服务社会大众为本，以行业内部利益为出发点。

对于行业协会的看法，一些国外学者认为，行业协会是“旨在解决其共性或广泛性问题的组织，由参与相同或类似经济活动的公司组成”[1]。《元照英美法词典》的定义：行业协会是为了维护共同利益、确定各种行业标准、交换经营策略等，由相同或近似的行业协会所组成的团体。既可以由单一行业的成员组成，也可以由多种行业的成员组成，具有共同的兴趣爱好。[2]也有把行业协会看作是在发达市场经济国家普遍存在的以促进行业发展、规范行业秩序为宗旨的社会经济组织形式。美国《经济学百科全书》的定义：行业协会是一些同行或商人自愿组织的团体，以达到共同的目的。日本一些学者认为：行业协会是指由事业者自愿组织的同行或商人组成的团体，以促进共同利益为目标。英国较权威的定义：行业协会是指所有会员的既定利益得到保护和增强的，由独立的商业单位组成的非营利组织。《中国旅游协会章程》的定义：“本会是在平等自愿的基础上，由中国旅游行业相关社团组织和企事业单位自愿组成，具有独立社团法人资格的全国性综合性旅游行业协会，是非营利性的社会团体。”《上海市促进行业协会发展规定》明确：“本规定所称行业协会，是指由行业服务和自律管理的非营利性社会团体，由行业内同业企业和其他经济组织自愿组成。”在徐士英《行业协会限制竞争行为的法律调整——解读〈反垄断法〉对行业协会的规制》的定义：“行业协会是由同一行业的经营者组成的以保护和增进全体成员的共同利益为目的的一种社

[1] 李乾．论行业协会的法律地位 [J]. 法制与社会，2011（01）：196—200.
[2] 范丽娟．旅游行业协会市场服务功能研究 [D]. 南昌：南昌大学，2014:14.

会组织。”[1] 综上，结合行业协会和国际旅游行业自身的实际特点，我们可以将国际旅游行业协会定义为：由各国旅游行业内会员自发组织成立的以促进国际旅游行业市场发展为目标，维护国际旅游市场主体的利益的非营利性团体。国际上的世界旅游组织、世界旅行社协会、国际旅游科学专家协会、国际旅游协会、欧洲旅游委员会、国际旅游联盟，这些旅游组织为旅游业的发展提供自治管理和规范内容。世界旅游组织提出以旅游促进人的自我完善，提倡发展以人为本的组织宗旨和目标。

建设完备规范的国际旅游行业协会管理架构能纠正各国旅游市场和各国政府双重失灵的问题，进而保障国际旅游市场的正常发展秩序。就中国目前旅游企业的自律与自治现状来看，自身的自律约束往往受制于经济利益。在充分尊重企业效率的视角下，分析国际旅游行业协会自律功能的发挥，构建一个各国企业参与联合、互助、自律的平台，建立共同服务、监督网络，为此转变国际旅游企业传统发展思维，遏制恶性竞争势在必行。

（一）国际旅游协会的特点

总体而言是获得国际旅游企业认可，对国际旅游行业具有管理作用的组织，对国际旅游市场的规范化管理及加强其自律约束，有着不同于法律和行政法规的规制约束作用。

第一，国际旅游协会是内生性组织。其主要是基于该行业的普适性认同和行业的自我意愿而自发形成的，其主体性地位受到更多的尊重。国际旅游行业协会的成立以国际旅游业为标志，除了吸收本国或区域同行企业参加，其他地区同行企业不受部门和地区的限制，必要时可以加入地区旅游行业协会。

第二，专业性特点。基于旅游行业特点成立的协会，囊括了大多数关注旅游行业动态的业内人士，更能把握行业的业内动态和基本情况、发展规律及发展中的问题和困难等。基于组织成立的合理性根基，协会本身具有的专业性和普遍的认可度，行业协会结合各方意见，依照行业特点拟定行业自律管理办法、章程和协定等内容。相较于法律而言，尽管并非完备地具备法

[1] 徐士英．行业协会限制竞争行为的法律调整——解读《反垄断法》对行业协会的规制[J]. 法学，2007(12)：30—38.

律的所有特性要素，但在实际操作过程中，适用和管理规制的效果是最为有效的，行业协会自律管理规制效率，甚至优于法律。

第三，非营利性及中介服务性。国际旅游行业协会是具有公益性质的社会团体，以服务政府、服务企业、服务社会为基本目标，以促进整个行业不断提高服务质量为宗旨。国际旅游行业协会与各国政府积极沟通，与市场相适应，以维护行业利益与社会公共利益为核心。国际旅游行业协会的中介服务性主要体现在协会自身作为政府、企业、游客三方的联系纽带，在协调处理跨国旅游服务矛盾，促进行业法治化、高效化、规范化发展的同时，帮助政府与企业双向沟通、交流、协商，实现国际旅游行业服务目标。

第四，自律性。国际旅游行业协会的正常运作，需要对国际旅游行业的企业和国际旅游市场秩序进行自律管理，这是建立在企业自律的基础上的。

（二）国际旅游协会的协调和促进作用

1. 国际旅游协会规章制度引导国际旅游企业自律

国际旅游行业协会通过制定相关行业规章，对国际旅游企业进行约束。要求企业加强自律管理，包括产品质量、售后服务、产品价格等各个方面。既有针对行业秩序的规范内容，也包括行业成员约束行为的准则，如制定旅游协会的规章制度，包括与行业正常化的组织机构运作相应的章程、专门细则等文件。同时，明确国际旅游行业协会的规则制定权是行业协会的基本职权，使行业协会与法律规范区分开来，运行平稳有序、效益显著，也是国际旅游行业协会的基本义务。在国际旅游行业协会关系网中，国际旅游行业协会是由其组织特性所决定的行业协会，在一定程度上填补了法律空白。可见，非法律制裁的多样性、专业性和针对性更强。

2. 国际旅游协会提供信息和咨询服务

行业协会可选派行业代表为会员提供职业培训、业务咨询、信息提供等多项服务。旅游行业协会自身的专业性和组成管理人员的先进性，一方面能促进行业成员旅游管理服务水平的提高，另一方面能通过信息的提供和咨询等维护行业及其成员的合法利益，有助于企业及整个行业的高效发展。

3. 国际旅游协会协调各方利益

面对行业内部、行业与行业之间、政府与企业之间以及政府与行业之间的纠纷，行业协会有义务对各方利益进行协调，化解矛盾，以缓解多方冲突。行业协会作为自律性组织，作为社会中间体，能够高效沟通和协调各方的利益，通过协调机制的建立，有效处理企业与政府、企业与游客、企业与劳动者之间的关系，自身也能够增强对旅游市场的整体把控，起到市场发展调偏和调整内生环境的作用。打造健康有序的旅游市场环境。

4. 国际旅游协会协助企业开拓国际市场

2001 年 12 月 11 日中国正式加入世界贸易组织，随着融入全球经济的逐步深入，作为行业协会要对所属企业进行行业前景分析，为企业开启文化，要对所属企业进行行业前景分析。行业协会积极推动企业建立研发中心或开展联合开发，同时也在努力促进企业创新建设。作为帮助企业管理高素质旅游服务人才信息、推动企业进一步升级的高校、科研单位和企业的服务中介，旅游行业协会还突出了国际化服务功能。

5. 国际旅游协会与各国司法机关联动

近年来，人民法院受理的旅游纠纷案件呈持续增长态势，随着人民生活水平的提高，旅游市场快速发展，需要依法及时有效处理、妥善化解旅游矛盾纠纷。例如，中国旅游协会与地方人民法院积极联动，坚持以习近平新时代中国特色社会主义思想为指导，深入贯彻习近平生态文明思想和习近平法治思想，积极践行新时代“枫桥经验”，充分发挥审判职能作用，加强审判与行政调解、行政执法等方面的衔接配合，及时、有效化解旅游纠纷，依法保护游客合法权益，助推旅游业高质量发展行稳致远。

国际旅游协会协调和促进作用的发挥，是国际旅游中不可或缺的重要一环。当发生纠纷时，在国际旅游行业协会或其内部成员权益受到侵害时，协会能够指导、帮助企业应对诉讼，并有权以个人名义参与诉讼；在国际旅游行业协会内部会员遭受非法制裁后，国际旅游行业协会有权最大程度维护会员的利益。加强协会自身的组织建设管理，从法律与政府的角度出发，为国内旅游行业协会运营管理机制的构建提出了保障性措施。如何发挥好国际旅游行业协会的作用，是国际旅游治理的应有之义。

《旅游权利法案和游客守则》是世界旅游组织于 1985 年 9 月在保加利亚索非亚召开的第六次全体大会上通过的法规性文件，其中第 7 条规定了东道国在接待游客时应以最大的热情、最礼貌的态度、最大限度地增进人际关系和社会关系的和谐。UNWTO 将致力于“在国际范围内推行社会旅游理念”的非营利组织，“旅游为人们提供教育、交流和发展机会”，以及促进更多人获得旅游机会和公平旅游等理念的推广作为一项重要职能。这些协会或组织为国际旅游提供了更多的理论基础和活动蓝本。

第三节　国际旅游治理模式的构建机制

正如前文所言，我们试图突破西方中心主义治理范式，从马克思主义方法论出发，基于共生理论构建国际旅游治理新路径。一是使用价值优先。重构旅游评价体系，将社区福祉、生态承载力等指标纳入国际旅游协定，如古巴将医疗旅游收益的 30% 强制投入公共卫生系统（Espino, 2010）。二是全球治理民主化。借鉴葛兰西（Gramsci, 1971）的文化霸权理论，推动南半球国家在世界旅游组织（UNWTO）决策中获取制度性话语权。三是数字技术公有化。探索区块链技术在旅游收益分配中的应用，尼泊尔安纳普尔纳保护区试点将徒步许可费通过智能合约直接分配至村集体（Nepal Tourism Board, 2021）。

随着数字化智能技术的快速发展，旅游企业发展新质生产力，创新驱动提升旅游全要素生产率，成为推动中国旅游优质发展的重要引擎。显而易见，国际旅游正面临如何摆脱传统的旅游经济增长方式，如何摆脱传统的旅游产业发展模式等问题，旅游企业必须从中国旅游发展的现实出发，以及新质生产力发展的内在逻辑出发，形成高质量发展的态势。一方面通过数字化产品、智能化技术所提供的劳动产品进入旅游市场进行分配；另一方面通过绿色旅游，实现文化与旅游的深度融合，加速中国旅游转型升级。

一、利益协调机制

经济基础决定上层建筑。在国际旅游中，不同地区旅游产业的发展水平、资源禀赋与资本积累是其旅游发展的经济基础，而政治体制、出入境管理制度、旅游业规章制度等构成上层建筑。从根本上来看，要通过设计适合当前经济基础和有利于旅游业经济基础的灵活机制，不仅要做“大蛋糕”，更要分好“蛋糕”。因而，在制度设计层面，既要发挥市场的决定性作用，激发国际旅游市场活力，给予宽松的生长环境，又要设立监管底线，积极发挥国家宏观调控的导向作用。具体做法上，可以允许通过签订合作协议、成立合资公司或者成立专门的协调机构，达成利益分配的共识，按照“利益共赢，风险共担”的指向来保证旅游资源的利用效率和权、钱、责的合理分配，在此基础上形成稳定的协调框架。同时，由于国际旅游市场的前景变化莫测，导致国际旅游中的共生单元和共生环境不断变化，因而需要赋予框架一定的灵活度，能够根据不断变化的市场环境对合作框架进行试错与修改。各利益主体的利益诉求和其本身的资源禀赋是其达成共生关系的基础，也是其获得收益的基础。

二、合作机制

国际旅游合作已成为国家间友好合作板块中的重要组成部分，各个国家纷纷举办以国家命名的“旅游年”活动，特别是与邻近国家的旅游合作，以借助旅游业带动相关产业的发展。因此，需要深刻认识国际旅游合作的重要意义，在国际旅游格局变化中积极把握发展新机遇，加强国际合作，发挥产业协同效应。通过旅游线路的整合、旅游产品的合作开发、旅游市场的相互开放、基础设施的共享等诸多方面开展切实的交流与合作。此外，由于旅游具有文化属性，“国际旅游合作将为民众间相互往来搭建无障碍通道，夯实民间交流基础”[1]。目前，我国的国际旅游合作机制已有初步的框架。一是签订区域性的旅游合作倡议。如中国与东盟国家签订的《加强中国—东盟区域性旅游合作的共同倡议》，通过签证便利化、航线加密和跨境旅游线路开发等举措，实现区域旅游一体化。二是开发跨国的旅游项目。如中越两国通过建设跨境旅游试验区，实现“一日游两国”的旅游模式，共享旅游资源。三是加强政策与法律协调机制。中国对54个国家实施免签政策，并同哈萨克斯坦、乌兹别克斯坦等国互免签证，简化出入境流程。此外，中国也积极推动导游资格、安全预警等规则的国际互认。《“十四五”旅游业发展规划》明确深化与共建国家的法治协作，保护跨国旅游企业权益。

---

[1] 赫玉玮，张辉．“一带一路”沿线城市国际旅游合作的现实基础与路径选择 [J]. 青海社会科学，2019(2)：58—65.

三、监督与评估机制

国际旅游的复杂性决定了对其进行监督与评估的困难性。同时，国际旅游监督与评估机制是保障全球旅游业服务质量、促进可持续发展的重要环节。在宏观层面，要推动及确保各国在生态保护、旅游服务质量等方面协调一致。在国际标准化组织（ISO）发布的《旅游信息咨询服务国际标准》的框架下，明确合理规范旅游信息服务的范围、质量要求和投诉管理模块，设计覆盖线上线下全渠道的技术驱动的动态评估体系。为提高监督和评估的效率和时效性，还应在监督与评估中引入数据采集与分析技术，通过游客行为分析、在线评价系统收集反馈数据，通过统计学和 AI 算法识别服务短板，实现评估过程的动态化。此外，还要实现监督与评估主体的多元化，构建政府主导、跨部门联动、社会力量参与的监督机制，明确文旅、市政、宣传等多个职能部门的职责，引入旅游协会、原住民参与，获取多元主体的反馈。同时，针对旅游活动中可能存在的违法行为，要形成跨区域的监管网络和协查机制。

第五章　共生理论视角下的国际旅游制度创新

国际旅游治理中的旅游制度创新，在法律实践中应优先处理的利益和价值冲突问题，用以指导法律实践活动，深刻贯彻落实国际旅游治理的价值内涵，平衡各主体间的利益，维持国际旅游市场的和谐稳定，本章将从旅游生态补偿法律制度、区域旅游合作法律制度两个方面进行分析。

第一节　旅游生态补偿法律制度

实现人与自然、生态与社会整体的可持续共生，是生态伦理的本质要求。在马克思的自然观念理论中，人的自然属性与社会属性共存。人不仅具有能动性，且有着法律所赋予的特殊权力或利益，需要加以更多的伦理规范与约束，给出的伦理规制不只是为了当下的生态利益，更是为了积极探索人类社会可持续发展的新模式。[1]面对我国生态遭到严重破坏的严峻形势，国家提出保护生态与发展经济并重的理念，并于2007年出台《关于开展生态补偿试点工作的指导意见》，随着旅游生态补偿实践的开展，研究重视程度不断提高，2010年生态补偿条例立法程序正式启动。党的十八大报告指出，要加快推进生态文明制度改革，建设美丽中国，构建多元主体共同参与的环境治理体系。党的二十大报告深刻阐述了中国式现代化是人与自然和谐共生的现代化，必须着力建立适应市场经济的多元生态补偿机制。正如《全国生态旅游发展规划（2016—2025年）》对生态旅游概念的表述："生态旅游是以可持续发展为理念，以实现人与自然和谐为准则，以保护生态环境为前提，依托良好的自然生态环境和与之共生的人文生态，开展生态体验、生态认

---

[1] 杨珺．生态共生的伦理规制——基于马克思自然观的分析[J]. 中共中央党校学报,2013,17(04):9—14.

知、生态教育并获得身心愉悦的旅游方式。”[1]可见，我国国际旅游治理中面临发展转型的关键在于如何寻求生态保护、旅游发展和民生保障的平衡点。

一、旅游生态补偿的理论基础

（一）旅游生态补偿的内涵

随着人类社会和环境保护事业的快速发展，以及可持续发展理念的延伸和拓展，我们开始追求环保手段的多样化。近年来，由于不同经济主体之间利益分配不均，致使国家经济和公民自身发展受到各种资源过度开发和生态环境破坏的不利影响。生态补偿逐渐走入公众视野，在旅游经济、民生发展、环境保护等方面寻求和谐共生。对生态旅游补偿概念的界定，主要有以下几个角度：第一，目前对旅游业与生态补偿的关系认识不够清楚，没有统一的说法，强调的是人们对资源利用、破坏行为等的收费，重视资源有偿使用。第二，生态补偿是以生态系统的可持续性为最终目的，调节旅游发展涉及的经济利益相关主体间的利益关系和制度的实施。第三，重点关注旅游补偿对生态的保护作用，同时强调其调节个体关系的作用。

（二）旅游生态补偿的理论分析

1. 可持续发展理论

自然资源和生态环境的优劣，直接影响社会经济活动能否开展。作为人类赖以生存和发展的基本条件的可持续发展理论认为，大自然在接纳人类活动产生的废弃物的同时，也在向人类提供生产生活所必需的物质资料。在经济欠发达时期，人类对自然资源的利用是有限的，生态环境可以在遭受破坏后，凭借自身的净化能力维持其健康运转，但随着人类科技的进步，自然资源利用能力大大提高，向大自然的索取也日益增加，我国饱受摧残的自然环境很难回到正常运转的轨道上，人类生存与发展都会因此受到威胁。

人类对自然生态的利用，能够合理控制在一定范围内，可借助法律、技术、资金等对经济活动加以限制，在一定程度上可以使自然生态环境得到修

---

[1] 中华人民共和国中央人民政府．发展改革委旅游局关于印发全国生态旅游发展规划（2016—2025 年）的通知 [EB/OL].[2016-8-22].

复，实现永续利用、生生不息的目的，使自然生态环境得到修复。1995年《世界可持续旅游发展宪章》指出，可持续旅游的本质是旅游业的发展建立在旅游业与自然、文化和人类生存环境相融合的可持续发展基础上，其强调社会、经济、生态的和谐统一，以不影响后代人的需求为出发点，要求旅游活动要充分考虑到旅游发展对自然资源、生态资源的长远影响。❶这意味着，在发展旅游的同时必须将对自然的破坏程度控制在自然的修复能力范围内，学会与自然和谐共生，方能维护生态平衡。

2. 公共产品理论

美国经济学家Paul Saliolson从经济学的角度对公共产品进行了定义，他认为公共产品是指在不影响或降低其他消费者消费该产品水平的情况下，某一消费者消费了该产品，这里的公共产品与后面文章中所说的公共产品（Public Products）的含义是相同的。生态环境作为公共产品具有非竞争性和非排他性的特征，优质的生态环境造成了部分环境生态的损耗者只看重自己的收益，而忽视了对生态环境的过度利用，导致"公地悲剧"的发生。消费者和生产者之间很难产生普通的市场交易，当生产者投资公共产品，也就是进行生态补偿而无利可图时，会导致公共产品供给不足。即便市场主体有投资生态环境的意愿，但客观上其价值取向难以与国家所要求的社会目标相一致，市场主体缺乏对生态环境进行宏观范围保护的实力。公共产品的这些特性决定了生态补偿必须让生态产品或服务的消费者通过政府干预、制度安排和各种方式支付相关费用，限制他们通过政府干预、制度安排和各种方式"搭便车"的行为，同时也使生态投资者获得合理的收益。

3. 外部性理论

外部性又称"溢出效应"，分为负外部性和正外部性。游客到乡间旅行，希望当地生态良好、社区环境优美、干净，一些地区为了吸引游客的到来，开始对河流进行净化，恢复植被，减少开垦、伐木、采矿等活动，对当地生态保护起到积极作用，为保护生态需要限制损害环境的经济行为，虽然对维护生态环境有利，但也会损害居民的经济社会权利。❷政府为解决居民的

❶ 姚秋芬．中国海岛旅游开发生态补偿机制研究[D].青岛：中国海洋大学,2014.
❷ 吴晋阳．我国生态旅游开发生态补偿法律制度的完善研究[D].昆明：昆明理工大学,2012.

贫困问题，大力进行旅游项目开发，并通过开发这一区域的旅游业予以补偿，但同时负面效应的日益显露和负面的外部性也将导致旅游开发对生态的破坏。另外，农村地区过度追求经济利益的旅游生态活动，对原有的森林公园、自然生态保护区的环境体系造成破坏，影响了旅游业的可持续发展。政府以“有形之手”干预市场，一方面通过财政转移支付的方式，弥补区域内居民因环境补偿而牺牲的利益，以解决外部性并克服市场失灵问题；另一方面则是规范游客行为，在将部分收入转移给当地居民和环保组织的同时，由开发主体承担相应的生态成本和社会成本。

二、我国旅游生态补偿法律制度构建必要性分析

旅游生态补偿法律制度是建立在生态补偿制度基础上的一种新型旅游治理方式。它旨在保护旅游资源，维护旅游场所居民的合法权益，促进旅游场所社会经济可持续发展的生态旅游开发和生态补偿活动中产生的各种社会关系的法律规范。事实上，人与自然和谐共生也是社会和谐共生的基础，旅游生态补偿机制强调的也正是社会共生理论主张的合理、平等、平衡的理念。旅游生态补偿法律制度建设，一方面有利于保障旅游地原住民享有环境教育权、环境审美权、环境文化权等良好居住环境的权利，也有利于提高旅游地原住民的经济收入，有助于加快旅游基础设施建设，推动区域经济协调发展；另一方面，能够推动旅游产业绿色化，促使人们对旅游资源进行合理开发和利用，提升旅游产业整体服务水平，增强生态保护意识。

除旅游生态补偿制度实施带来的有利方面外，现阶段也有迫切的现实需要，以应对旅游发展与环境保护间的矛盾。首先，迫切需要缓解生态保护与旅游资源利用之间的矛盾。有些旅游产品的开发高度依赖自然资源和环境，即使在最大限度保护环境的情况下，也存在现实与预期目标不符的情况。相对于资源的稀缺性人们日益增长的旅游需求之间的矛盾更加突出，通过建立旅游生态补偿制度，能够有效缓解旅游发展与生态保护间的矛盾，使自然共生关系得到改善，增强旅游产业可持续发展能力。[1]其次，纠正各类主体利益失衡的现状。当前，旅游资源保护与开发利用存在严重利益失衡，每位社会成员都有自由选择的权利，因此，从经济学的角度出发，通过建立

[1] 胡守钧．社会共生论 [M]. 上海：复旦大学出版社，2006:68.

旅游生态补偿法律制度，可以不断调整共生关系，使不同主体利益联结机制得到增强。对于旅游消费中出现的“搭便车”现象，生态效益外部化通过政府或市场手段实现内部化，对生态贡献者通过制度设计、让生态效益消费者缴纳相关费用、让生产者和贡献者获得相应报酬的方式给予合理回报。从公平正义的角度来看，生态补偿是一种社会财富再分配，有利于实现社会公平，有利于抑制和消除旅游开发与保护摩擦，有利于利益相关方关系趋于缓和。

生态补偿法律制度的建立，通过生态补偿、补偿资金来源等法律法规，明确生态旅游开发、促进生态补偿活动依法有序进行的生态补偿主体和补偿标准。吸引符合条件的企业参与，推动生态旅游产业健康发展，通过引入生态旅游产业市场准入机制。通过规范参与生态旅游开发的主体权利、主体义务和法律责任，切实提高生态保护者的积极性，增强破坏主体的环境保护意识，促进经济利益在市场自身运行中的再分配。可见，这既有利于完善法律监督机制，也有利于推动法治政府发展，特别是在明确政府职权、责任、义务，维护社会公共利益的生态补偿法律制度中，可以建立一系列绩效考核、监督、惩处方式和措施。除了当前环境下迫切需要解决的一些难题，旅游生态补偿的资金来源也是需要考虑的问题。现在全国的旅游补偿大多以政府为主，以中央财政转移支付为主要形式，在旅游市场交易条件不成熟的情况下，缺乏对旅游长远发展的关注，缺乏以旅游生态补偿资源产权、相关主体、旅游生态补偿方式为主要路径的政府参与，相关利益主体参与较少，融资渠道单一，补偿标准较低。这些都是需要重点研究的、建立长效补偿机制的旅游产业发展的主要途径。[1]

三、我国旅游生态补偿面临的法律困境

近年来，旅游蓬勃兴起，我国旅游生态补偿制度因缺乏系统明确的法律规范，在具体开展过程中受到融资渠道狭窄的制约，导致利益主体分配不均等情况，完善旅游生态补偿法律制度迫在眉睫。

---

[1] 张一群．云南保护地旅游生态补偿研究 [D]. 昆明：云南大学，2015.

（一）生态补偿顶层设计需要系统化、规范化

各级政府对各自管辖的生态旅游资源开发行为缺乏全局性考虑，补偿规定泛泛而谈，主要体现在对生态补偿内涵和界定模糊不清，补偿主体的诉求和沟通不畅，跨区域合作有待加强等方面。此外，新环保法特别规定，与此前的暂行条例和暂行办法相比，国家在法律层面对生态补偿制度进行了提升，国家高度重视生态保护补偿制度建设，生态保护补偿条例的出台，开启了生态保护补偿法治化之路。每年国家财政补偿资金达2000亿元，全国50%以上的草原和森林纳入补偿范围，[1]2/3省份跨区域联合签订生态补偿协议，1/3县域落实了生态保护补偿资金，做到了专款专用。

（二）旅游生态补偿融资渠道少

旅游生态补偿遇到的棘手问题之一，即缺乏资金支持。当前，我国旅游生态补偿面对补偿方式单一，多元化的补偿方式仍处于起步阶段。我国旅游景区的建设、维护和管理也缺乏正规、长效的资金支持，使前期开发的生态旅游扶贫项目因缺乏资金而导致旅游开发中断。面对这样的情况，本应引入多方资本参与，但由于旅游产业投资多、见效慢、市场风险大，旅游地原住民与民营企业参与生态旅游开发的积极性往往较低，即使通过招商引资方式引入生态旅游企业，其投资、建设、运营、受益的过程也往往较长。由于民营旅游企业自身积累能力和发展条件相对较差，自身盈利能力相对较低，对生态补偿前期投入了大部分资金。仅依靠政府财政和部分社会投入远远不够，筹资渠道狭窄，筹资规模和筹资方式受到限制。建立多元化、多层次、多渠道的生态补偿融资体系，包括政府、旅游产业相关受益主体，以及社会各界都将参与其中，增强整体抗风险能力。[2]

（三）发展生态旅游的相关主体利益分配不均衡

生态旅游发展涉及政府部门、旅游企业、游客和旅游所在地居民等相

---

❶ 尾关周二．共生的理想——现代交往与共生、共同的理想 [M]. 卞崇道，刘荣，周秀静，译．北京：中央编译出版社，1996:142—147.

❷ 李志强．精准扶贫视角下重点生态功能区旅游生态补偿法律机制研究 [D]. 新乡：河南师范大学，2018.

关群体，利益主体多元化和利益需求多样化相互交织，构成了错综复杂的利益网络，也容易造成各种矛盾。如在开发旅游资源时，投资方如果身兼所有者、管理者、经营者等多重身份，往往缺乏深入调查研究和科学论证，由于职能交叉、利益分配较为复杂，职责划分不明确，但对经营效益十分重视，盲目追求自身利益最大化，则会偏离可持续发展原则，对当地旅游资源破坏极大，对当地居民生活、生产、传统文化和习惯造成严重影响的旅游资源开发商，在开发过程中，未能根据当地的自然和人文环境设计充分保护的开发方案，极易造成旅游区超负荷运转，造成生态容量和经济容量大幅度超标，严重损害当地居民的环境权益和经济利益。目前生态旅游资源开发缺乏听证和监督环节，开发后缺少监管，往往会出现矛盾叠加的现象，这对生态旅游的发展是非常不利的。面对如此处境，想要兼顾各方主体利益，形成良好互动关系，实现各主体的协同进步，我们认为共生理论也许是可以解决各方矛盾的一个良好思路。

（四）旅游生态补偿方式过于狭窄和单一

生态旅游带来的经济效益显而易见，可以改善很多管理单位经费不足的窘境，旅游生态补偿有输血式补偿和智力补偿两种方式。所谓输血式补偿，是我国目前以政府购买为主的公共支付方式实施生态补偿的一种典型方式，主要通过国家财政转移支付、财政扣缴、税费调节等方式进行。所谓智力补偿，是把给受助对象提供技术支持等内容指向受助对象，让受助对象成为具有一定管理水平的专业人才，不计报酬的补偿方式。就我国目前的生态补偿方式而言，智力补偿比较缺乏，政府作为生态旅游区开发管理中的主导者统筹规划，而补偿对象仅被动接受补偿，较少参与生态决策。一是忽视了生态旅游资源作为公共产品的自由交易性质。二是忽视了环保企业的无偿投入和收益甚微。三是忽视了环境公益组织的资金筹措困难，必然会影响其他主体的市场化和可持续发展。

四、域外生态补偿的经验借鉴

发展生态旅游的国家并非完全实施旅游生态补偿制度，但有些国家早已形成旅游生态补偿的实践做法，在旅游生态治理领域的法律制度及相关政策的建设方面取得了许多成功的经验，值得我们借鉴。

（一）美国黄石国家公园

创建于1872年的美国黄石国家公园是世界上第一个国家公园。根据颁布的《特许经营政策法案》，黄石公园实行管办分离制度，实行严格意义上的特许经营制度，管理机构侧重对管理资源的保护，实质上是对获得经营权的企业行为进行严格规范，是一种生态旅游资源保护和授权经营实现政企分开、事企分开、生态旅游资源开发的模式。发展社区经济的职能不是由管理机构承担的，黄石公园生态补偿主要采取以政府补偿为主、市场补偿为辅的生态补偿方式，黄石公园的门票收入必须悉数上缴联邦财政，联邦财政仅留存20%，其余部分全部返还给黄石公园，主要用于公园的日常维护和生态保护，在财务制度上实行收支两条线的经费管理办法。公园主要通过建设和维护旅游基础设施、服务设施，控制游客数量，私人或财团捐赠，门票收入和特许经营费用等方式对资源进行保护，保护资金主要来自国家财政拨款。黄石公园正是通过旅游生态补偿机制，实现了保护与开发利用的协调发展，并成为全球争相效仿的成功典范。[1]

（二）澳大利亚国家公园

《澳大利亚宪法》规定了澳大利亚的国家公园体系中，各类自然保护区的创立和管理权限交由各地州政府，15处国家公园和保护区仍然由联邦政府管辖。1999年《环境保护和生物多样性保护法案》（简称EPBC法案）强有力地保护了澳大利亚的植物和动物环境、原住民遗产及当地社区的经济。EPBC法案列出受威胁物种名录及生态群落、迁徙物种和海洋物种。澳大利亚政府部门一方面对公众承诺定期公布并维护可信的环境保护政策，要求旅游企业以公平和道德的方式经营；另一方面需要履行以下法规义务，包括政府采购（司法审查）法、信息自由法、公共治理、绩效和问责法案、公共服务法等。例如，在乌鲁鲁卡塔丘塔国家公园有着5亿年历史的世界上最大的砂岩巨石，游客可跟随当地的阿南古族原住民导游了解风土人情。戴恩树热

---

[1] 黄鹰西，杨亚娜，杨桂华．中外旅游生态补偿实践对比研究[J]. 生态经济（学术版），2014,30(01):280—283.

带雨林有超过1.8亿年现存最古老的热带雨林，生物多样性丰富，私有林木所有者共同对当地生态旅游资源进行开发和保护，形成了社区共管的经营管理格局，生态旅游开发经营主体与旅游原住民库库雅拉尼族文化共同发展。1985年，联邦政府规定公园所有权和管理权分离，并签订协议。现在，该公园由当地社区和当地原住民经营的澳洲公园和野生动物服务中心联合管理。当地原住民每年可获租金7.5万澳元，是门票收入的20%。园区服务中心还帮助小区实现建房等发展规划。园区对当地社区的补偿包括直接补偿，如通过租赁土地、共享门票收益等方式；间接补偿，如参与管理和经营、捐资助学等方式。国外最常见的国家公园内部存在的社区补偿方式就是这种输血式补偿与造血式补偿相结合的方式。

（三）瑞士可持续旅游（Swisstainable）项目

瑞士国家旅游局在2019—2021年发起了瑞士可持续旅游（Swisstainable）项目，近1500家瑞士旅游产业机构参与其中，专为小型团体开发新的碳友好型旅游产品，包括瑞士火车、自行车骑行、绿色奖励之旅、绿色教育之旅和许多其他具有生态意识的旅游产品，为任何类型的旅游需要提供广泛的选择。瑞士 Hotelplan 旅行社是瑞士诸多旅游机构中的一员，其总部位于瑞士格拉特布鲁格，是活跃于全球休闲和商务旅行领域的瑞士旅游集团，也是瑞士最大的零售组织联合会全资子公司，该集团的业务部门包括 Hotelplan、Migros Ferien 和 Vtours 品牌的海滩度假和城市度假业务部门。在英国，该集团是主要的滑雪和步行度假代理，旗下拥有 Inghams、Inntravel、Santa's Lapland 和 Explore Worldwide 品牌。欧洲领先的度假屋租赁提供商及商务旅行专家也是 Hotelplan Group 的业务范畴。他们在全球多个国家和地区设有238个办事处、分支机构、当地服务办事处和商务旅行中心。2001—2002年，Hotelplan Group 向所有参与生态旅游的国际游客征收生态基金费用，已经征收了75万美元用于保护生态、处理突发事件和研究海洋生态的国际生态旅游景点项目。旅行社并不具有政府职能，直接向游客收取旅游生态补偿费的行为在全世界范围内都较为少见。按照受益方付费原则，凡是因发展旅游而受益的利益主体（包括旅游开发经营者、地方政府和游客），均有义务对发展旅游所依托的环境和自然资源予以保护。瑞士政府则明文规定直接或委托相关机构向游客强制征收旅游生态补偿费，这从整体上说明瑞士旅行社和旅游经营者以满足心系环保的旅客的需求为中心，促进参与国际旅游的旅客关心人类和地球的环保事业。同时，相应的国际游客对可持续旅游解决方案的呼声和需求也在逐年增加，这也进一步证明了多元主体参与保护国际旅游资源及培育公民环保意识的重要性。

虽然我国生态旅游开发和生态补偿制度有一定的发展，但也存在许多不足，上述国家关于生态旅游开发和相应生态补偿制度的规定值得借鉴。

五、我国旅游生态补偿的法律路径

目前，我国关于自然保护区的相关规定，在森林法、野生动植物保护法、自然保护区条例、风景名胜区管理暂行条例实施办法等法律法规中有所体现。2019年，国家发展改革委正式发布《综合生态补偿试点方案》，进一步健全生态保护补偿机制。2024年，国务院通过《生态保护补偿条例》，从三个方面做好顶层设计。一是财政纵向补偿。突出政府作用，以法规的形式稳定保护投入基本盘。二是地区间横向补偿。织牢保护合作网，加强区域治理联动。三是市场机制补偿。发挥有效市场功能，调动市场主体活力。生态保护补偿是系统工程，在调动社会主体参与积极性方面，社会主体参与生态保护补偿有多种方式，既包括建立健全碳排放权、排污权等交易机制，也包括发展生态产业、建立可持续的发展惠益分享机制，还包括建立生态保护补偿基金、实行市场化运作等。在补偿方式方面，开展综合补偿和分类补偿两种方式进行。综合补偿是指支持生态环境重要地区，从整体上提升基本公共服务保障能力。分类补偿是对生态要素的单位或个人进行的补偿。现有的文件大都是行政法规和部门规章，在生态补偿方面的规定较为笼统，实际操作性不强。[1] 为此，我们需要结合我国国情，借鉴澳大利亚、瑞士等国家的成功经验，进一步完善我国旅游生态补偿法律体系。[2]

(一) 构建和完善旅游开发生态补偿法律体系

我国生态补偿理论研究虽然起步较晚但发展较快，生态保护补偿制度

---

[1] 钟林生，郑群明，刘敏 . 世界生态旅游地理［M］. 北京：中国林业出版社，2006:29.
[2] 周若水 . 我国生态旅游开发的生态补偿法律制度研究 [D]. 成都：西南石油大学 ,2015.

是生态文明制度的重要组成部分，生态保护补偿条例作为行政法规的出台，意味着生态保护补偿是一种基础性、综合性的基本制度，需要与现有法律法规相衔接。在建立健全旅游开发生态补偿法律制度上，我国需要坚持社会和谐、经济和谐、环境和谐发展的有效统一。一是确定可持续发展的总体思路。二是确定整合生态补偿相关法律法规。将生态补偿条例中的一些原则性条款纳入其中，主要考虑国际旅游业多元主体共同实现生态效益。[1] 三是细化旅游开发生态补偿的具体内容。明确生态补偿条例与民事法的关系，避免规范冲突的产生，并将生态补偿纠纷的责任认定作为物权、环境权实现的保障，纳入民事侵权的规定中，进一步完善生态补偿制度在生态旅游法律法规中的规定。

另外，现有的地方性法规存在适用范围和适用标准不统一的问题，在符合国家宪法和法律的前提下，可以借鉴国外立法经验，大胆创新，进一步加大地方性法规立法建设力度，在现有行政法规和部门规章的基础上，增加预防和惩戒的内容，使生态旅游治理工作在实践中更加简便易行。地方环境立法是在突出地方立法特色的同时，对各地区自身存在的问题进行有针对性解决，既是对国家法律法规的延伸和补充，也是对地方生态立法因地制宜能动性的体现。

（二）拓宽旅游生态补偿的资金来源

为保障旅游开发生态补偿工作的顺利开展，需要稳定的资金来源，可从以下两个方面建立多元筹资渠道。

第一，建立生态保护转移支付专项基金。目前，我国生态旅游补偿资金大部分依靠中央财政预算，使旅游生态补偿在中央财政预算体系中获得稳定的财政资金投入，并按照支出的主攻方向，形成了固定的生态补偿支出科目。我们认为国家可以把促进均等化的目标作为考核指标，充分调动发达地区向欠发达地区财政转移支付的积极性，通过立法来保证生态系统提供充分的服务产品。发达地区可在生态环境修复、生态保护补偿形成正向激励机制，努力保护旅游地生态环境，积极促进旅游经济发展方面，对重点旅游区

---

[1] 王峰.《西双版纳傣族自治州旅游生态补偿条例》立法研究 [J]. 中国政法大学学报 ,2012（04）:38—42.

所在省市进行横向生态补偿，加大投入力度。

第二，利用合理的税收政策进行调节。生态税收政策在调节生产发展和生态环境保护中发挥着重要作用，可以调整产业结构，合理配置资源，促进生态环境保护。税收可以支持生态功能重点区域旅游业可持续发展，建立生态税收制度，拓宽生态补偿资金来源。生态税既要在一定时期内保持稳定性，又要根据实际情况做出适当调整。一方面，针对旅游开发破坏生态问题，须考虑到游客服务成本，在旅游消费环节建立按使用量计费机制；另一方面是对易造成生态恶化的旅游开发，且对公共基础设施和生态有破坏而对游客征收旅游税以补偿当地社区和原住民的损失。在运用税收手段时，要注重对重点生态功能区的补偿，尽可能合理化旅游生态税收的征税范围，让征税制度化、法治化。政府除采取强制性措施外，还应通过经济手段鼓励保护生态，协调排污收费、产品收费、使用者收费、补助、综合利用奖励等，并给予明确的减免和奖励政策。❶

（三）确立多元化旅游开发的生态补偿主体

要建立旅游开发生态补偿的制度体系，首先应明确旅游生态补偿的主体，让生态补偿落到实处。国内旅游生态补偿主体除支付和受偿主体外，还包括旅游开发经营主体、生态旅游资源管理部门、游客、监管者四类。

一是旅游开发经营主体。通过取得生态旅游资源的开发经营权、使用权和收益权，其开发行为具有一定的负外部性，对当地的生态环境造成了一定的破坏，使旅游地原住民的基本生存权和发展生态旅游的权利受到侵害。因此，生态补偿的支付主体之一是旅游开发经营主体。

二是生态旅游资源管理部门。根据公共信托理论，政府与公民是受托人与委托人的关系，政府代表公民获得生态资源的受益权，因此，政府应通过财政拨款和纵向转移支付等方式形成生态补偿资金，对个人、组织或集体因保护生态环境受到损害的应给予补偿。

三是游客。作为生态旅游产业主要消费群体，其旅游活动与其生态环境和生态承载力直接相关。所以，应以游客为支付主体。事实上，在当地旅

❶ 孙非亚，于霖．建立渤海海洋生态保护补偿制度研究 [J]. 辽宁法治研究，2009（1）:59—62.

游景点门票的吃、住、行、游、娱、购等收益获补偿渠道较少的情况下，让景区门票等收益合理分配，让当地居民获得补偿，对生态旅游主管部门和开发经营者来说，在短期内能够收回成本，不失为可行的办法。

四是监管者。各行政区域环保部门作为监管主体，要对生态旅游开发生态补偿资金的到位、形成、发放，补偿主体是否达到标准，补偿方式是否单一等问题进行监管，以确保生态补偿金落实到位。

(四) 确立市场化生态补偿标准

补偿标准是旅游生态补偿机制的核心，关乎利益主体之间的利益分配，更会影响生态补偿的实施效果。在生态补偿标准制定过程中，要综合运用效果评价、收益损失评价、随机评价等方法，对旅游区保护投入、产出等进行科学评估，并进一步由定性评价转向定量评价，使之真正具有可操作性，为保护补偿工作提供可操作的价值依据。保护成本是根据旅游管理的人力、物力进行成本核算，开发成本要考虑建立生态补偿标准所需的旅游开发生态补偿受偿主体等，按照一定比率补偿、放弃生产机会所需的保护成本和潜在的开发成本的激励性补偿原则，对旅游开发生态补偿受偿主体进行补偿。因此，旅游生态补偿标准可以依据生态系统服务价值确定，补偿方式不能一成不变，其直接成本补偿要随着市场价格的变动而调整，也要考虑合理的机会成本，在保护地区与受益地区收入差距变化的情况下适时变动。此外，生态系统服务价值应纳入生态补偿准则，公众需求不断增长等，在较长的政策执行期内，其价值较大，宜逐步补偿。要综合构建核算体系，通过生态补偿支付方与受偿方自由协商确定补偿标准。[1] 另外，可以通过生态补偿支付主体与受偿主体之间自由协商，或者直接询问生态旅游开发的各利益相关者意愿来确定补偿标准。

此外，在确定生态补偿标准的过程中要体现“公众参与”的思想，提高公众保护生态环境的积极性和主动性，政府在制定生态补偿相关政策时也要兼顾社会舆论，采取听证制度的方式。我们认为，生态补偿方式不能仅限于以智力补偿为主的旅游场所居民、自然人或保护生态环境的环保组织及政府

[1] 喻庆国．云南元阳哈尼梯田湿地生态旅游生态补偿机制探讨 [J]. 安徽农业科学，2007 (25)：902—908.

主导的输血式生态补偿方式。比如，政府可以无偿提供技术咨询和指导，培养当地居民成为导游、旅游公司经理等，当地居民可在同等条件下优先录用到景区内的就业岗位。[1]

第二节　区域旅游合作法律制度

以地缘经济或地缘政治为基础的国家间的跨区域合作，对国家或地区整体旅游竞争力的提升作用日益显现，已成为邻近国家旅游业发展的必然选择。[2]基于共生理论的区域旅游合作是国际组织在结构和行为模式上的机制创新，涉及经济、政治、文化、民族等多方面因素。在价值理念上，国际旅游市场中各国相互促进、共同发展，并积极促进和共同构建融合共生、对称互惠的区域旅游合作新模式。在实际操作层面，各国旅游多元主体通过利益共享和义务共担，打造联动发展、优势互补、共同繁荣的区域旅游有机整体。

一、区域旅游合作理论研究

（一）区域旅游合作的基本概念与基本原则

国内研究者对区域旅游合作的概念、内涵及其原则有不同的定义。如薛莹（2001）认为，区域旅游合作是以平衡经济发展和公共利益及生态利益为目的，让旅游要素充分流动和重组的过程，一定区域内的旅游经济主体根据约定的协议或合同，形成具有协调性和聚合力的旅游活动。王雷亭、王学峰等（2003）认为，为获取最大区域利益的经济活动，应在区域范围内不同地区间重新配置、组合资源。石云霞（2006）认为，区域旅游合作是各旅游主体为取得理想效益所从事的旅游经济活动，具有合作性和互利性。呼兰（2006）认为，区域旅游合作是不同地区旅游经济主体以“协同发展和互助互

---

[1] 李志强．精准扶贫视角下重点生态功能区旅游生态补偿法律机制研究 [D]. 新乡：河南师范大学，2018.

[2] 刘云．共生理论视角下“孟中印缅旅游圈”区域旅游合作研究 [J]. 学术探索，2013（06）：35—38.

利”的总体原则，冲破地区封锁和条块分割。根据区域旅游发展规划，既增强区域旅游竞争力，又兼顾本地区利益，实现经济、社会和生态等旅游整体效益最优化，是我国当前发展区域经济的主要组成部分之一。秦学（2002）对区域旅游合作的定义更为贴切，即区域旅游合作是指根据一定的目标、原则和制度，在区域间重新配置、整合和优化旅游系统要素主体。

由此可见，区域旅游合作既要体现合作制度的优越性，打破传统桎梏，又要通过制度规范各地区参与主体在合作过程中的法定权利和义务，约束各地区参与合作主体的行为，并保障其合法正当利益，因此，区域旅游合作的原则主要有以下几个方面：一是平等自愿原则（self-resident）。平等是指在合作过程中，参与合作的各地区在合作章程中享有平等权利，履行应尽义务。自愿是指一个地区多元主体可以参与合作，合作组织成员肯定和认可合作组织所制定的章程、规则、协议或合同效力。二是互惠互利原则。指合作双方或各方不论自然资源禀赋存在何种差异、资金多寡和旅游业处于何种发展水平，均可进入平等合作的程序。互惠互利原则是合作的逻辑起点，不仅能够保证各方通过公正的程序获得收益，而且能使一定范围内的旅游效益得到提升。三是包容互补原则。各地区有着自身的特殊性和差异性，本着尊重差异、和而不同的理念，对具体合作内容进行协商和拟定。[1]通过倡议和协议，共同提高区域内整体旅游水平，各得其所，各取所需。四是合作共赢原则。各地区合作共享和平，共谋发展，在合作中发挥自己特有的作用。五是循序渐进原则。区域旅游合作不是要在区域求大而全中实现，而是要渐进式、循环式扩大合作区域，既表现在合作领域的横向和纵向延展方面，也表现在深度和广度层面。[2]

（二）区域旅游合作的法律保障

对于区域旅游合作的概念、内涵和原则等界定清楚后，还需对区域旅游合作的相关问题进行研究。我们认为，这能够为区域旅游合作发展提供保

[1] 薛莹．对区域旅游合作研究中几个基本问题的认识 [J] 桂林旅游高等专科学校学报，2001（2）：26—29.

[2] 王雷亭，王学峰，潘华丽，等．国内外区域旅游合作研究进展综述 [J] 泰山学院学报，2003（5）：92—96.

障，是由法律的基本特征和作用决定的。[1] 一是以人的行为为规范对象的法律。为了实现调整社会关系的目的，必须对人的行为进行调整。旅游是人们出于经济、社会、文化和精神上的发展需要而进行的活动。[2] 这场行为活动中，包括旅游六要素：吃、住、行、游、购、娱。每个元素都是一种行为的具体表现，人与人之间的合作都会在每个元素的体验过程中产生。区域旅游协作是各种旅游要素在运动过程中的组合和配置在不同区域主体间的协作关系。因此，可以将旅游行为纳入法律的调整范围中，利用法律对区域旅游合作进行规范，从而真正起到规范旅游行为的作用。法律能够有效理顺复杂的社会关系和旅游活动中的利益关联，通过调整区域旅游合作中人的行为来保证区域旅游合作顺利开展。[3] 二是法律是一种明确的制度规范，区域旅游合作制度明确规定各旅游主体在一定范围和区域内开展旅游合作中各自享有的权利并履行的义务。也就是说，区域旅游合作制度通常以签署章程、协议或合同的方式，对旅游主体行为起到约束作用。三是法律是一种强制性的制度规范。法律规定正式颁布并实施后，区域合作法律制度在区域旅游合作成员国之间产生了一种强制性的约束力。这种强制性依据章程和协议的具体内容，不仅意味着各旅游合作成员国违反法律规定的行为需承担责任，更意味着对各主体旅游合作行为予以指导和及时纠正。在区域旅游合作框架中，法律所体现的强制性不仅是对违法行为的制裁，更是促进区域旅游合作发展的重要手段。健全的法律保障可以使成员国发挥促进合作的作用，化解矛盾纠纷，在合作中增进共识，在合作中深化合作，使旅游走向深入。[4] 因此，完善区域旅游合作相关法律，尤其是为我国与其他国家间深化区域旅游合作提供法律保障，十分必要。

---

[1] 石云霞．区域旅游经济合作研究现状分析 [J] 集团经济研究，2006(11)：140—141.
[2] 乌兰．在区域旅游合作背景下实现地方政府合作的思考 [J]. 商业研究，2006（24）：76—78.
[3] 秦学，陶希东．张家港旅游资源区域合作的对策 [J]. 资源开发与市场，2002（06）：60—62.
[4] 朱晓勤．发展中国家与 WTO 法律制度研究 [M]. 北京：北京大学出版社，2006.

二、区域旅游合作法律保障的现实概况：以中国与“一带一路”共建国家的区域旅游合作为例

(一) 中国与“一带一路”共建国家区域旅游合作现状

2013年10月，习近平总书记宣布了“一带一路”建设倡议，通过建设连接中国、中亚、中东、非洲、欧洲和俄罗斯的贸易和基础设施网络，促进合作与伙伴关系。“一带一路”被称为21世纪海上丝绸之路，包括从中国古都西安到古罗马的贸易路线。其主要目标是促进亚洲、欧洲和非洲大陆及其邻近海域的互联互通，建立和加强共建国家之间的伙伴关系，建立全方位、多层次、复合型的互联互通网络，实现这些国家的多元化、独立性、平衡性和可持续发展。其寻求利用该地区及其他地区存在的丰富贸易机会和谈判贸易协定，丝绸之路经济带的主要重点是开发六个重要的基础设施项目，以提高欧亚地区的互联互通和经济合作水平。这六条走廊：① 新欧亚大陆桥经济走廊（NELBEC）；② 中蒙俄经济走廊（CMREC）；③ 中国—中亚—西亚经济走廊（CCWAEC）；④ 中国—中南半岛经济走廊（CICPEC）；⑤ 孟加拉国—中国—印度—缅甸经济走廊（BCIMEC）；⑥ 中巴经济走廊（CPEC）。同时，21世纪海上丝绸之路旨在连接一系列海上航线，即中国至东南亚、印度尼西亚、印度、阿拉伯半岛、索马里、埃及和欧洲，包括南海、马六甲海峡、印度洋、孟加拉湾、阿拉伯海、波斯湾和红海。总体而言，涉及国家超过全球近65%的人口。此外，“一带一路”将在未来几十年内发展成为人类历史上最大的基础设施项目，投资额超过8万亿美元。从旅游业的角度来看，“一带一路”基础设施开发项目的游客流量，加上大量的自然和人造历史景点，意味着其将在促进该地区的贸易和可持续发展方面发挥关键作用。关于旅游业在欧亚地区发挥重要作用的研究考察了一系列领域。例如，新丝绸之路的基础设施计划改善了旅游体验、居民的生活水平、就业机会、文化和历史价值的保护及自然景观。

欧亚地区的旅游业拥有巨大的发展潜力。但欧亚大陆在利用其资源促进旅游目的地方面仍处于早期阶段。目前，有两个项目正在推动“丝绸之路”的旅游发展。第一个是2014年由世界旅游组织（UNWTO）和全球旅游

经济研究中心发起的丝绸之路旅游项目。第二个是 2001 年以中亚为重点的政府间组织上海合作组织（SCO）所创立的，旨在为中亚开发一个共同的旅游项目。尽管上海合作组织在促进旅游业方面进展缓慢，但可以借鉴欧盟在区域旅游发展方面的成功经验，推动欧亚大陆作为一个整体的旅游目的地。

“一带一路”带来重大机遇的同时也产生旅游法律纠纷的重大风险。财务风险的不确定性或其他负面影响是一个隐患，威胁着每笔跨境交易。我们在抓住“一带一路”机遇的同时，还需要注意以下三个关键风险。

第一，不熟悉的法院和法律。对于旅游纠纷当事人来说，这些风险与跨多个司法管辖区的商业关系息息相关。国际仲裁意在快速解决跨境争端，同时为不愿涉足陌生环境系统的当事人提供便利，当事人有权自主选择争端的适用法律，在任何听证地点、法庭成员，甚至争端所用语言。在商业风险伊始就需要做出此类选择，这为跨境旅游纠纷处理带来确定性。

第二，不确定性和对旅游主体声誉的影响。对于旅游纠纷各方而言，国际仲裁裁决在提交和最终裁决后对当事人具有约束力，国际仲裁裁决的相对确定性与国内法院作出的判决形成鲜明对比，国内法院的判决通常需要进行多次上诉或司法审查。诉讼程序通常在公开的法庭上进行，判决结果也可以向媒体公开。相较而言，国际仲裁具有保密性。

第三，执行挑战。执行判决或裁决是争议的重点。国际仲裁作为一种解决争端的手段的主要优势在于，仲裁裁决在已签署《承认及执行外国仲裁裁决公约》(以下简称《纽约公约》）的 150 多个国家均可强制执行。与法院判决相比优势明显，法院判决依赖于各国间相互承认，常需立法等法律基础。此外，不同国家执行外国法院判决的程序差异较大，为执行各方带来困难。

在准备签署合同阶段，则应选择国际仲裁。然而，在起草仲裁条款时，涉事各方必须确保所选择的仲裁地点是《纽约公约》的缔约国。只有在作为该公约缔约国的国家作出的仲裁裁决，才能在该公约缔约国的另一个国家执行。在全球范围内，国际仲裁是“一带一路”区域旅游合作各国理想的争端解决手段和选择方式。中华人民共和国最高人民法院于 2015 年发布的《关于人民法院为“一带一路”建设提供司法服务和保障的若干意见》中，支持利用国际商业和海事仲裁解决“一带一路”建设中引起的跨境争端。一是充分发挥刑事审判职能作用，高效审理相关案件。二是依法行使司法管辖权，为中外市场主体提供及时、有效的司法救济。三是加强涉及共建国家当事人的仲裁裁决司法审查工作，促进国际商事海事仲裁在“一带一路”建设中发挥重要作用。

三、区域旅游合作法律机制框架

在平等互利、可持续发展、比较优势的原则下，通过开展区域旅游合作，加强相关法律保障机制的建立，有利于形成旅游市场共同繁荣的局面，为区域旅游合作打下坚实基础，使区域经济间的合作范围更广、合作程度更深。带来了全球化背景下各地区和谐共生的发展新局面，这也是旅游发展所面临的问题。[1] 面对区域旅游合作法律机制不健全的问题，我们从以下几个方面提出建议。

（一）建立多层次合作机制

我国与其他国家在经济、政治和社会制度上存在差异，一些国家内部矛盾尖锐，导致政令难以统一。某些国家的经济政策频繁变动，已公布的贸易投资保护措施难以落实。而部分国家在对外经济贸易中存在歧视，对与中方深化合作心存疑虑。主要原因有两个：首先，我国与其他国家在经济结构上存在明显差异。其次，我国与其他国家经济合作所依赖的政治动力较为复杂。因此，我国与其他国家的经济合作在一定程度上包含了政治合作和市场竞争。要实现高质量的区域旅游合作，必须加强各区域内部的凝聚力，加强对话与沟通，尽快建立经济共同体，以使各方主体能够迅速进入“多赢”的发展轨道。最后，要统筹建立双边的共同风险防范机制，在提高抗外部冲击能力、确保旅游经济健康发展、不断增强各方面合作信心的同时，加强经济安全与风险防范的合作、对话与交流。[2]

（二）建立区域旅游合作机构

建立区域旅游合作组织的重要基础是建立常设机构。常设机构的设立，

---

[1] 刘云 . 共生理论视角下“孟中印缅旅游圈”区域旅游合作研究 [J]. 学术探索 ,2013（06）:35—38.

[2] 地力娜尔·君马克 . 中国与中亚国家区域旅游合作法律保障问题研究 [D]. 乌鲁木齐：新疆大学 ,2010.

一方面是完成本地区的旅游合作任务，体现参与经济合作地区的意愿；另一方面是采取必要的手段。综观全球各个国家和地区，每次合作都是依靠某个常设机构来运作的，如世界贸易组织。我们认为，应将区域旅游合作机构设置在一个区域国际组织框架下，可仿照我国与各国能源合作、金融合作等方式将旅游合作提上日程。建立专门的旅游合作机构，共同制定协调各国旅游政策和行动的旅游合作政策和法规，对各成员国在旅游合作中产生的争议和纠纷是否履行协议规定的义务进行监督，及时解决问题。推动区域稳步发展旅游合作。[1]

（三）引入世贸组织争端解决机制解决旅游争议

国际旅游合作的重要使命是，一旦发生争议，须尽可能妥善解决，以维护旅游交流的良好环境，促进国际旅游合作的健康发展。目前，解决旅游纠纷的国际通行方式：协商调解、旅游投诉、仲裁、司法诉讼、WTO 争端解决机制等五个途径。[2]第一，WTO 争端解决机制具有高度的一致性，在争端当事方普遍认可的情况下，将国际旅游争端置于统一规则下，具有公正性和透明性。其次，由于专家组和上述机构均在 WTO 争端解决机构中设立，这两个机构促使国际旅游争端能够通过明确的职能划分、严格的工作程序和时限及时化解。再次，WTO 争端解决机制为争端当事国提供了公平、平等的保护机会，其宗旨是保证成员权利和义务的平衡；最后，WTO 争端解决规则也对“在应诉并遵守多边争端解决程序”，成员寻求纠正其他导致利益丧失或损害的情形，或在有关协议目标受到阻碍。[3]

---

[1] 王艳．GATS 框架下我国与中亚国家间旅游服务贸易的法律机制研究 [D]. 乌鲁木齐：新疆大学 ,2007.

[2] 地力娜尔·君马克．中国与中亚国家区域旅游合作法律保障问题研究 [D]. 乌鲁木齐：新疆大学 ,2010.

[3] 蔡建东 .WTO 争端解决机制法律问题研究 [D]. 大连：大连海事大学 ,2003.

第六章　共生理论视角下的国际旅游安全保障与执法监督

各国旅游部门、执法机构、旅游企业和游客等共同构成一个共生系统，彼此间相互依存、相互影响。国际旅游安全保障与执法监督作为保障旅游市场秩序、维护游客权益的重要手段，其有效性直接关乎整个共生系统的稳定和发展。如何正确看待目前国际旅游业存在的安全保障与责任监管问题，共生理论为国际旅游安全保障与执法监督提供了新的视角和思路。即通过优化共生界面、推动共生模式创新，可以进一步提升国际旅游安全保障与执法监督的有效性和针对性，为国际旅游业的健康发展提供有力支持。

第一节　国际旅游安全保障与执法监督的概念界定

一、国际旅游安全保障

国际旅游安全保障是一个系统性概念。其涵盖了游客在跨国旅游过程中的人身安全、财产安全，以及旅游体验的舒适性和可靠性等方面。从人身安全角度看，包括游客在旅游目的地免受恐怖袭击等，旅游设施如酒店、交通工具等符合安全标准，以保障生命安全。财产安全则涉及游客财物在旅游中不被盗窃、诈骗等。同时，旅游体验的安全保障还意味着旅游目的地的公共卫生环境良好，不会因传染病等因素影响游客健康。国际旅游安全保障对整个地区的社会经济发展也会产生影响，其不仅直接影响国际旅游目的地旅游业的健康发展，而且影响旅游目的地的吸引力。

一般而言，“国际旅游安全”概念可分为广义和狭义两种。广义的国际旅游安全概念包括了与旅游相关的所有安全因素。狭义的国际旅游安全可分为三种路径：一是从旅游公共安全的角度出发，指可能对国际游客人身和财产安全造成影响的公共安全元素，核心内容是对国际游客人身与财产权利的保障。为此，需要采取一系列措施来防范旅游犯罪，如加强旅游景区的治安管理，提高游客的安全意识，以及加大对犯罪行为的打击力度。二是从旅游安全生产的角度出发，指国际旅游经营企业在旅游产品经营过程中存在的安全因素，其核心是对旅游经营者生产过程的执法监管与安全风险排查防范。交通事故是旅游安全中的常见问题。为了减少交通事故的发生，需要加强对交通工具的安全检查和维护，提高驾驶员的安全意识，以及优化国际旅游交通。三是从旅游突发事件危机应对管理的角度出发，主要指确保国际游客的安全，维护旅游景区的声誉。

二、国际旅游执法监督

国际旅游执法监督是指各国政府及相关国际组织为维护国际旅游市场秩序，保障游客和旅游经营者的合法权益，依据相关法律法规对旅游活动进行监督和管理的行为。包括对旅游企业的资质审核，如旅行社的经营许可、酒店的星级评定等。在旅游市场运营过程中，执法监督要确保旅游产品质量符合标准，对虚假宣传、价格欺诈等违法违规行为进行查处。同时，旅游安全事件的应急处理也属于执法监督的范畴，当发生旅游安全事故时，相关部门要依法进行调查、处理责任方，并防止类似事件再次发生。

随着全民旅游、全域旅游、跨国旅游时代的加速到来，广义的“国际旅游安全”实际上已涉及政府的旅游管理和旅游企业的经营实践。如果仅从旅游公共安全或旅游安全生产的角度对国际旅游安全进行定义，则难以完全涵盖国际旅游安全的全部内容。与一般的社会安全保障和执法监督相比，国际旅游安全具有普遍性和行业特点：国际旅游安全是一种动态的安全保障，全过程、全要素地对“人”的安全进行有效的执法监督活动。在具体实践中，各国政府和旅游行业组织已采取了一系列措施来加强旅游安全保障和监管责任体系。例如，中国政府通过制定中国公民出境旅游管理办法等法规，明确旅游团队的安全责任；同时，加强与国际旅游组织的合作，共同提升旅游安全水平。此外，各国驻外大使馆也积极发布旅游安全提示，提醒游客注意目的地的安全状况。国际旅游业的安全保障与执法监督体系是一个综合性的框架，需要政府、旅游行业组织、游客等共同努力，才能确保旅游行业的安全、健康和可持续发展。

第二节　国际旅游安全保障与执法监督面临的机遇与挑战

随着现代服务业的快速发展，旅游业已成为全球最大的服务业之一。改革开放以来，我国不断调整对国际旅游的综合定位，并已成为新一轮旅游体制改革的核心目标。2000年以后，旅游法的颁布实施，明确了政府对旅游安全监管责任，凸显了对国际旅游安全的高度重视。然而，在国际旅游安全监管领域，仍存在旅游安全部门监管体制与国际旅游格局不一致、旅游行政监管机制单一与政府治理模式转型要求不一致、国际游客安全意识水平与国际旅游时代不一致、现有旅游监管技术能力与新兴旅游业态快速发展不一致等问题。

一、国际旅游安全保障与执法监督面临的机遇

（一）全球化与科技进步

全球化使各国间的旅游交流更加频繁，也为国际旅游安全保障与执法监督提供了更广阔的视野和合作平台。一方面，全球化促进市场拓展与合作。全球化使各国旅游市场相互融合，各国为吸引游客，积极优化旅游安全设施，提升服务质量。例如，欧洲国家联合推出“申根签证”，以促进区域旅游一体化，同时加强旅游安全合作，共享安全信息，共同应对安全问题。另一方面，新兴科技助力国际旅游安全。科技发展为旅游安全提供有力支持，智能安防系统、大数据分析、人工智能等技术广泛应用。例如，景区智能监控可实时监测游客流量和安全隐患，大数据分析可预测旅游安全风险，提前采取防范措施，以提升旅游安全保障的科学性和精准性。随着科技的不断进步，旅游安全技术手段日益丰富。例如，智能安防系统可以在旅游景点等场所进行实时监控，通过人脸识别等技术及时发现可疑人员并预防犯罪行为。同时，大数据技术能够对旅游市场的数据进行分析，提前预警旅游安全风险。此外，互联网技术方便了国际旅游执法监督的信息共享，各国执法机

构可以通过网络平台快速查阅旅游违法违规案件的信息，提高执法效率。

（二）国际旅游市场增长与合作意愿增强

国际旅游市场的持续增长使各国更加重视旅游安全保障与执法监督。旅游已成为许多国家重要的支柱产业，为了吸引更多游客，各国进一步加强合作，共同提升旅游安全水平。例如，一些热门旅游国家联合开展旅游安全宣传活动，向游客普及安全知识和当地的法律法规。同时，在旅游执法方面，各国也建立了双边或多边的合作机制，通过签订合作协议、开展联合执法行动等方式，共同打击跨国旅游犯罪，维护国际旅游市场的良好秩序。

二、国际旅游安全保障与执法监督面临的挑战

（一）地缘政治与文化差异

地缘政治因素对国际旅游安全保障与执法监督产生诸多不利影响。所谓地缘政治风险，是指地区冲突、国际关系紧张等因素严重影响国际旅游安全，部分国家间因政治分歧，相互限制旅游往来，影响国际旅游市场稳定。所谓文化冲突，是指不同国家的文化差异导致旅游安全观念和行为差异，加之各国旅游法规和标准也存在差异，给旅游执法监督带来困难，如欧盟国家对旅游企业资质审核标准较高，而部分发展中国家标准相对较低，导致对跨国旅游企业监管难度加大。

地区冲突、国际关系紧张等导致旅游安全环境恶化。例如，在一些地缘政治敏感地区，游客的生命安全难以得到保障。同时，各国的法律制度、风俗习惯、价值观念等方面也存在差异，这可能导致在旅游活动中对某些行为的界定和处理方式不同。

（二）旅游安全风险多样化与复杂化

随着旅游形式的多样化和旅游市场的不断拓展，旅游安全风险也日益复杂。一是新型安全风险。除了传统的旅游安全问题（交通事故、自然灾害等），新型旅游安全风险正在不断出现。例如，随着生态旅游、极限运动旅游等新兴旅游项目的兴起，游客在这些活动中面临的风险更高，如在生态旅

游中可能会遭受野生动物袭击，在极限运动旅游中设备故障或操作不当易引发危险。在线旅游平台的发展使旅游交易环节增多，信息安全风险增加，游客个人信息和资金安全面临威胁。二是风险交织。旅游安全风险相互交织，形成复杂的安全问题，如自然灾害可能引发公共卫生事件，影响游客健康和旅游市场稳定。旅游目的地的社会治安问题可能与恐怖主义、跨国犯罪等关联，这会增加旅游安全风险防控难度。同时，旅游安全风险的复杂性也增加了执法监督的难度，一些安全风险可能是多种因素交织在一起导致的，如旅游目的地的公共卫生事件可能与当地的环境、人口流动、医疗资源等因素有关，很难通过单一的执法监督手段有效解决。

因此，国际旅游面临着执法监督能力与协调的不足。一方面各国旅游执法监督能力存在差距，发达国家执法技术和装备先进，执法效率高，而部分发展中国家执法能力薄弱，难以有效保障旅游安全。部分国家旅游执法人员专业素质不高，缺乏国际旅游执法经验，影响执法监督效果；另一方面协调机制不完善。国际旅游执法监督协调机制尚不完善，各国执法机构间信息共享不及时、不全面，合作效率低下，跨国旅游执法行动面临法律适用、管辖权等问题，协调难度较大。

在现实社会生活中，影响市场经济运行的因素不仅限于经济行为，而且作为一个开放的多功能系统，与社会的政治、伦理、文化等也有联系，表现为经济冲动与道德压抑间的相对平衡。当理想境界转化为社会现实，那么，作为一个开放的多功能系统，以对方的生存和发展为前提和基础，使一种行为体在旅游地域范围内得以生存和发展，就必然离不开“经济人”和“道德人”的统一，“经济人”和“道德人”的相互依存、建立互惠共生关系并与之有机结合，是找到促进我们国际旅游更好更快成长的新途径。[1]

“经济人”的基本特征大致由亚当·斯密的《国富论》所勾勒。首先，“经济人”把人们从事经济活动的原始动机视为追求自身利益、满足自身利益。其次，“经济人”面对市场经济活动中的利益选择，以理性权衡为前提，把个人及其利益看成自己市场行为取向的最终决定者，“经济人”的选择与取舍是完全一致的。最后，“经济人”确立的经济合理主义精神，逻辑上导

[1] 陈秋玲．走向共生：基于共生关系的开发区发展路径依赖 [M]. 北京：经济管理出版社，2007:54—55.

出了以追求利润最大化作为经济活动的唯一结论。个别主体将“经济人”的特质蒙蔽在国际旅游界，行为主体往往以最小的代价，即谋取“利益最大化”的本性，尽可能地满足其价值取向。“强制消费”等旅游乱象的背后往往隐藏着错综复杂、盘根错节的灰色利益链条，其中不乏政府部门的某些官员。[1]由于政府—相关企业—原住民—游客各主体利益相互交织，容易出现矛盾多发的情况。除此之外，旅游监管上下级机构之间的沟通与协调也存在一定问题，导致监管工作缺乏有效性。此外，还有滥用职权、徇私舞弊等现象。比如，由于利益诉求、监管服务职能缺位、地方经济效率价值取向狭隘、各方形成侵害游客的“共谋机制”等，少数地区旅游管理委员会人员与旅游经营方存在利益关系，严重损害了委托人和广大游客的切身利益。这些都是必须引起旅游监管部门高度重视的。

（三）国际旅游安全保障和执法监管机制尚不健全

不规范的市场经营行为导致旅游企业与游客矛盾突出，这是由于国际旅游业规模的扩大带来了更多商机。经营主体行为混乱现象严重，执法监督效果差，关于“黑社”“黑车”“黑店”“黑导”等不规范行为屡禁不止。一些旅行社在无法取得经营资质的情况下，通过挂靠的方式非法经营，被挂靠企业只注重收益，这种非法经营行为扰乱了旅游市场秩序。此外，一些旅行社为抢占市场，以低于成本价甚至零团费，打“价格战”，恶意进行市场竞争。还有一些旅行社进行掠夺式经营，在低价竞争之余，通过虚假营销、违规代理、买卖旅游团、诱导或强制消费等方式搅乱市场。如胡守钧教授的观点：由于人与人之间存在互斥性，人伸展个性则表现为各种需要，满足需要则必须要有资源，资源的稀缺性，便引发出形形色色的纷争，问题的关键就在于每个利益主体都追求利益最大化，都想占有更多的优势资源。[2]在旅游市场中，如果各利益主体对资源分割不当，势必会加剧社会矛盾，引发激烈冲突，酿成严重后果。[3]为处理各利益主体间的纠纷，倡导社会共生理论，解决主体矛盾，利用好社会组织的作用，维护旅游市场的健康发展，保护消费

[1] 李抗美．关于经济和伦理共生点的思考[J]. 哲学动态，1995(11)：26—28.
[2] 王佳翔．现代企业经营伦理：寻求企业利润与伦理“共赢共生”[J]. 宁波广播电视大学学报，2012(06)：23.
[3] 于彦秋．中国旅游业政府监管问题研究[D]. 哈尔滨：黑龙江大学，2018.

者的合法权益。[1]因此，国际旅游安全保障和执法监管需要提高游客自身安全意识和安全能力，还要对旅游企业的经营活动进行规范。

旅游“零负团费”通常是指“在旅游服务交易中，委托方向受委托方支付的价格等于或者低于成本的现象”。该解释只是做了广义上的界定，未揭示出“零负团费”全面的内涵。在实践中，人们在使用“零负团费”一词时，主要指的是一种会对游客权益造成严重损害的组团旅游经营行为。在这一层面上，“零负团费”也可定义为：“旅行社主要通过在游客购物和参加自费项目等旅游消费环节向相关旅游企业收取佣金作为其营业利润主要来源的一种组团旅游经营方式。”综合来看，“零团费”和“负团费”其实就是游客将原本应在旅游前公开支付给组团社的旅游消费费用推迟到旅游过程中通过其他途径支付。正常的旅游消费费用包括食、住、行、游、购、娱六大方面，其中前四个方面的开支是旅游的基本消费费用，而在娱乐和购物上的开支是非基本旅游消费费用，由游客自愿选择。在旅行社正常的业务接待模式下，旅游线路报价包括旅游基本消费费用和旅行社的营业成本及行业的正常利润。而“零团费”和“负团费”指以成本价或低于成本价招揽游客的行为。学者齐立云认为“零团费”是指地接旅行社不向组团旅行社收取或部分收取接待费用，而以游客在旅游目的地的购物、娱乐、自费项目等的消费回扣来弥补接待费用的亏空。组团旅行社收取游客的费用仅够支付长距离的往返交通费用和组团旅行社的经营成本。广义的“零团费”还包括“负团费”形式，“负团费”是“零团费”的高级形式，是指地接旅行社不但不收取组团旅行社的接待费用，反而按游客人数支付人头佣金的经营模式。总之，“零团费”现象的核心表现是地接社不向游客收取或少收取旅游地接待游客的费用，甚至倒贴给组团社费用，因此，旅游团的旅游价格远远低于成本价。

旅行社“零负团费”模式经营，不论是在组团社，还是在地接社，都大量存在。旅行社“零负团费”的出现，归根结底还是为了在激烈的市场竞争中取得价格竞争的优势。具体来说，旅行社“零负团费”产生的原因主要有以下几个方面。

1. 旅游市场经营方面的原因

首先需要肯定的是“零负团费”经营是一种不正常的现象，是违反市场

[1] 吴秀华．论共生伦理视域下的高校思想政治教育 [J]. 思想教育研究 ,2005(06) :25—27.

价值规律的。假如人们不要将这种现象看作是洪水猛兽，而将它看作是一种经济现象，则不难发现，它属于经济学中的“完全竞争”的范畴。“完全竞争”是这样一个结构：在其中，同质的商品有很多卖者，没有一个卖者能控制价格，进入很容易，并且资源可以随时从一个使用者转移到另一个使用者。从经济学的角度看，完全竞争是弱小企业为获得生存权而展开的竞争，不完全竞争是强者为获得更多利润而展开的竞争。依据此理论，旅行社企业属于弱势企业，因此，在完全竞争的环境中，出现“零负团费”现象属于典型的经济现象。如云南是全国GDP相对较低的省份，并非旅游客源输出大省，然而凭借丰富的自然旅游资源和人文旅游资源，兼具西部各省中地接旅游大省的条件，云南的旅游经济主要依靠国内外入滇客源支撑。其中，由于旅游资源的共享性，旅游路线产品不受专利保护，如一条新的线路产品，由旅行社经过踩线、设计、宣传、推广等一系列流程，其他旅行社纷纷效仿，最简单的方式就是杀价、滥价，甚至不计成本的“零负团费”。

2. 旅行社“承包挂靠”的原因

目前在各地旅游市场，以承包、挂靠经营的形式是普遍存在的。旅行社进入门槛本来就低，根据我国《旅行社条例》只需30万元的注册资金和20万元的质量保证金即可开办旅行社，所以旅行社的数量得到快速增长，其增幅远远超过了游客的增长幅度，整个行业形成了买方占据旅游市场主导地位的格局。然而，更可怕的是很多旅行社旗下又层层分包出若干个经营实体，这些经营实体本身不承担法人的社会责任，如税收及管理费用等，却又能像法人企业一样自行组团，自行接待，自行完成整个经营活动，而这种经营活动是建立在不承担法人的社会责任（如劳保、宣传促销、五险费用、经营税费等）的低成本基础上的，为此在市场上的报价也就具备了不计成本的条件。以云南目前的状况看，注册的旅行社法人企业有600多家，但是通过承包挂靠形成的经营实体有上万家之多。无序的企业格局带来了无序的经营格局，而无序的经营格局中“零负团费”首当其冲。

3. 旅游购物环节的原因

吃、住、行、游、娱、购，是完成旅游审美过程的必然环节。以上环节只有在快乐和愉悦的基础上才能为游客带来享受和美感。而在完成愉悦的旅游审美过程中，相对的成本保障是不可缺少的。然而在长期的市场实践中，人们看到“零负团费”的经营并未使旅行社倒闭，究其原因是旅行社经营成本的缺失，从安排游客进店购物而获取的回佣得到了补偿。同样作为客源地，在旅游商品缺乏、购物商店缺少的地方，“零负团费”现象几乎没有。这充分说明旅游购物环节对“零负团费”成本经营形成了支撑。旅游商品的价值评估越朦胧，对“零负团费”的支撑力度就越大，这同时也为刻意、非善意或无职业道德地引导游客购物的行为提供了空间。那么，为什么游客在多年的消费过程中“明知山有虎，偏向虎山行”呢？这是因为旅游购物与民生购物存在本质区别。物价上涨会对生存质量造成影响，所以民生购物是消费者为满足生存需求而采取的理性购物方式，属于敏感型购物。而旅游购物是满足生存需求以外的延伸型购物，属于享受型购物。生活中我们都有这样的体会，到了一个全新的旅游目的地，总要购买当地的产品作纪念，或作为伴手礼，这就是享受型非理智感性购物，快乐中带有迟钝的购物过程，为此，高价被购物过程的享受和满足感掩盖了旅游购物中的高价。

4. 旅游信息不对称的原因

在旅游市场交易过程中，旅行社拥有绝对的信息优势，而游客往往因为信息渠道的匮乏和了解成本过高，无法完全掌握目的地的信息状况，多数信息都来源于旅行社。为了促成交易，旅行社对游客解释含糊不清，夸大旅游产品卖点，忽略其不足，能够让处于信息弱势的潜在游客在购买产品时获得心理上的满足，顺应了大多数游客追求物美价廉的心理，并在短期内吸引大量的潜在游客。

（四）新兴旅游警察制度有待进一步完善

中国旅游警察体制起步较晚，通过分析主要有以下几个方面的问题：旅游警察执法权限法律授权不明确，旅游警察体制权责不明确。[1] 关于旅游警察的执法权问题，具体来说是旅游警察的执法主体与执法范围间的矛盾，中国旅游法中涉及旅游行为或权益保护的程序法还不完善，[2] 按照执法程序，需要立案后才能进行调查，难以发挥预期作用。如果地方政府不能出台相关的规章制度，而将其他旅游市场服务监管部门的部分权力有效平移到“旅游警

❶ 孙京祥 . 海南旅游综合执法研究 [D]. 海口：海南大学 ,2017.
❷ 舒爱华 . 中国生态旅游行政执法的法律问题及对策研究 [D]. 湘潭：湘潭大学 ,2009.

察”执法部门，或与其他旅游执法部门开展合作，必然会存在程序合法性问题。中国旅游警察的执法主体与执法范围：面对经营者之间的“价格战”等恶性竞争、侵害游客合法权益的违法行为，出现在旅游市场上的违法行为，仅仅依据普通的法律文书，并无专门针对旅游违法犯罪行为的法律规定，因而更进一步引发了游客对旅游警察执法权力的不满，因此，旅游警察在执法过程中面临职权不清晰的问题，需要制定专门的法律法规或在现有法律框架中进一步明确其法律地位和权限范围，使其在处理旅游相关案件时有法可依，避免与其他执法部门之间产生职责混淆和推诿现象。另一方面需要细化执法依据。对于旅游市场中的各类违法违规行为，应进一步细化旅游警察的执法依据和处罚标准，提高执法的精确性和可操作性，确保旅游警察能够有效打击旅游市场乱象。

其次，随着人们法律意识的不断增强，对旅游警察的需求和服务水平的要求也越来越高，但旅游警察在业务指导上并不明确，导致旅游警察业务指导存在缺位现象。因此，一方面需要优化机构设置。根据不同地区的旅游发展特点和实际需求，灵活设置旅游警察机构。在旅游发达地区，可考虑设立独立的旅游警察机构，赋予其更大的自主权和专业性。在旅游资源相对较少的地区，可以在现有公安机关内合理配置旅游警察力量，以确保资源的有效利用；另一方面需要加强部门协同。建立旅游警察与其他相关部门的常态化协同工作机制，明确各部门在旅游市场监管中的职责和分工，加强信息共享和联合执法，形成监管合力，共同维护旅游市场秩序。

第三节　基于共生理论的国际旅游安全保障体系的优化路径

国际旅游安全保障体系面临着旅游业高速发展和管理体制改革带来的双重压力，进一步完善旅游安全保障体系，加强各国旅游主管部门、旅游企业主管部门、旅游目的地政府机构间的沟通与协作，建立高效的信息共享和联合执法机制。通过加强国际合作，共同打击跨国旅游犯罪，维护旅游市场的公平竞争和游客的合法权益。

推动共生模式创新是指共生模式决定了共生主体间的相互作用方式和利益分配机制。国际旅游安全保障体系应推动共生模式的创新，构建更加互惠互利的合作关系。同时，鼓励多元主体参与监督，通过行业自律和市场调节来优化旅游市场环境。国际旅游安全监管还应强化共生环境的优化，包括加强法律法规建设、提高监管效率、完善游客权益保护机制等。通过营造良好的法治环境和市场环境，为国际旅游业的健康发展提供有力保障。国际旅游安全保障体系需要区域各国政府、旅游服务提供商、游客及其他相关利益方的共同努力和协作。通过加强基础设施建设、推动协同机制创新与完善、强化政策创新和人才支撑等措施，构建一个更加高效、公正、透明的国际旅游环境，为旅游业的可持续发展提供有力保障。

一、构建旅游安全共生单元

在共生理论视角下，国际旅游安全保障体系可以看作是由多个共生单元组成的有机整体。旅游目的地政府、旅游企业、游客以及相关社会组织等都可以视为旅游安全共生单元。

1. 旅游目的地政府

政府作为旅游安全保障的核心主体，要发挥主导作用，通过制定完善的旅游安全政策法规，提供必要的资金支持和资源保障，加大对旅游安全基础设施的投入，加强旅游安全的监管和管理。

2. 旅游企业

包括旅游景区、酒店、旅行社等，它们是旅游安全保障的直接提供者，要严格遵守旅游安全法规，加强自身的安全管理和培训，提高旅游服务的安全质量，以确保游客的安全和满意度。

3. 游客

游客作为旅游活动的参与者，需要增强自身的安全意识和自我保护能力，遵守旅游目的地的法律法规，合理安排旅游活动，积极参与旅游安全管理。

4. 社会组织

包括旅游行业协会、志愿者组织及相关国际组织等，可以在旅游安全保障中发挥协调、监督和宣传的作用，通过制定国际旅游安全标准，促进各国间的旅游安全合作。

二、促进旅游安全共生单元之间的协同进化

旅游安全共生单元间要实现协同进化。旅游目的地政府要与旅游企业建立紧密的合作关系，通过政策扶持、信息共享等方式，引导旅游企业提升旅游安全水平。例如，政府可以为旅游企业提供安全技术培训和咨询服务，帮助企业改进安全设施。旅游企业之间也要加强合作，共同应对旅游安全风险。同时，旅游目的地政府、旅游企业、游客等共生单元要与国际组织加强合作，积极参与国际旅游安全交流活动，学习借鉴国际先进的旅游安全技术和经验，共同推动国际旅游安全保障体系的建设。

三、营造良好的旅游安全共生环境

良好的旅游安全共生环境是国际旅游安全保障体系优化的重要基础。旅游目的地政府要加强对旅游市场的监管，打击旅游违法违规行为，维护旅游市场秩序，为旅游安全共生单元提供公平竞争的市场环境。同时，要加强对旅游安全文化的宣传，通过举办旅游安全文化节、开展旅游安全知识竞赛等活动，提高全社会的旅游安全意识。游客也要积极参与旅游安全文化建设，通过自身的行为传播旅游安全理念。相关国际组织要加强对国际旅游安全文化的推广，通过制定国际旅游安全文化指南、开展国际旅游安全文化宣传活动等方式，营造全球范围内的旅游安全文化氛围。

（一）创新旅游安全政府监管共生机制

创新旅游安全政府监管共生机制涉及几个方面：一是建立旅游安全联合监管机制。旅游安全联合监管是提升旅游市场监管效率与服务质量的重要策略。包括加强国际旅游执法机构间通信网络、数据共享平台及联合监管机制的建设，确保信息能够迅速、准确地传递。二是建立信息共享平台，及时交流和分享旅游市场中的违法违规行为信息，以便共同打击跨国旅游犯罪，维护国际旅游市场的秩序和安全。同时，各国执法机构还应开展联合执法行动，形成合力，提高执法效率和效果。三是各国应加强旅游监管人才的培养和交流。通过组织培训、研讨和交流活动，促进各国执法人员相互了解与合

作，共同提高国际旅游执法监督的能力和水平。四是强化国内旅游部门的监管责任。根据“谁审批谁负责”的原则，旅游部门要加强对旅行社的安全督查，负责旅行社安全生产制度、措施的制定和责任的落实，与交通部门共同监管旅行社租赁和使用旅游车辆开展旅游活动的全过程。根据“谁举办谁负责”的原则，旅游部门负责其主办或承办的各类节庆、展会和旅游营销活动的全面监管工作，制定各类应急预案并监督落实。完善旅游服务质量评价体系，开展监测评估和品牌建设，健全有关标准。建立并完善以信用监管为基础的新型监管机制，依法认定失信主体并实施信用惩戒。建设文化和旅游领域诚信体系，健全信用承诺制度，推进信用品牌建设，优化信用消费环境。联合开展行业安全检查，督促经营主体落实安全生产、消防安全、特种设备安全、食品安全主体责任，抓好重点场所、重点时段的安全管理，强化事故灾害防范和应对措施，提高旅游突发事件应急处置能力。

（二）落实旅游企业安全责任共生制度

旅游安全生产是一项复杂的系统工程。为有效落实旅游企业安全责任机制，需从以下几个方面入手。一是明确安全责任主体。旅游企业应明确各级管理人员和员工在安全工作中的具体职责，确保责任到人。二是建立健全安全管理制度。旅游企业应建立完善的安全管理制度，包括安全生产责任制、安全教育培训制度、安全隐患排查治理制度等，确保安全管理有章可循。三是加强安全教育培训。旅游企业应定期组织员工进行安全教育培训，增强员工的安全意识，提高员工的操作技能，确保员工能够有效应对突发事件。增强员工和游客的安全防范意识。游客也应增强自我保护意识，主动了解旅游安全常识，做好旅行前的安全准备。四是强化安全监督检查。旅游企业应建立健全安全监督检查机制，定期对旅游设施、设备、环境等进行安全检查，及时发现并消除安全隐患，确保旅游活动安全有序进行。五是完善应急预案和处置机制。旅游企业应制定完善的应急预案，明确应急响应程序、救援措施和处置流程，确保在突发事件发生时最大限度地减少人员伤亡和财产损失。

（三）建立旅游安全危机预警系统的共生网络

旅游安全危机预警系统是预防旅游安全事故的重要手段。在共生理论指导下，应建立旅游、公安、消防等多个相关职能部门的联动机制，形成旅游安全危机预警系统的共生网络。通过加强信息共享和协调配合，及时发布安全预警内容，建立旅游突发事件应急预案体系，明确组织机构职责，成立预警响应机制，有效排除旅游安全隐患，处置旅游突发事故。

（四）提升旅游安全管理控制系统的共生能力

旅游安全管理控制系统是旅游安全保障体系中的管理保障。在共生理论指导下，应提升旅游管理部门、旅游企业、游客及其他社会机构间的共生能力，形成相互关联的管理过程。通过政策控制和利益协调，明确各旅游主体职责，建立安全管理责任制，使管理细化到旅游安全的全过程。同时，提升旅游服务质量和游客权益保护水平，通过加强旅游公共服务设施建设、完善旅游投诉处理机制等措施，为游客提供更加便捷、安全的旅游体验。

（五）优化旅游安全应急救援系统的共生模式

旅游安全应急救援系统是旅游安全保障体系的重要组成部分。在共生理论指导下，应优化旅游安全应急救援系统的共生模式，建立完整的旅游安全救援体系。通过加强救援指挥中心、安全救援机构、直接和间接外围机构间的分工协作，形成快速响应的救援机制。一旦发生旅游安全事故，能够及时开展救援工作，降低事故损失。

（六）推动旅游安全商业保险系统的共生发展

旅游安全商业保险系统是旅游安全保障体系的经济保障系统。在共生理论指导下，应推动旅游安全商业保险系统的共生发展，加大保险宣传力度，增强游客的保险意识。同时，加强对旅游保险的监管力度，完善旅游保险保障系统，充分发挥旅游保险在转移风险、善后处理等方面的作用。

第四节　基于共生理论完善国际旅游执法监督的政策建议

为了确保旅游业的稳定和可持续发展，必须从各个层面构建完善的旅游体系，由多方面主体共同参与，实现利益的均衡。我们需要提升发展旅游行业的理念，推动旅游业规范化发展，实现质的飞跃。要解决当前旅游行业的困境，可从以下几个方面入手。

一、打破侵害游客利益的“共谋机制”

首先，旅游发展不仅是经济社会发展战略的一个组成部分，更是其核心要素。为了推动旅游发展，我们应依托各参与主体的互利共生行为，这包括旅游市场内部的互利共生以及与外部环境的互利共生。通过实施一个全面发展战略，涵盖经济和社会发展，可以促进旅游业的繁荣，进而推动社会的进步。然而，中国目前的旅游法律法规体系尚不完善，各地旅游执法监管部门的职责界限模糊，导致职责履行和法规政策执行不到位。旅游执法监管理念相对滞后，在执法过程中，一些政府执法监管部门可能采取不当手段、力度不足，以及不合理、不科学的管理方法，这不仅导致工作流程不畅、市场秩序混乱，也未能满足公众的期望。因此，政府需从更新理念、完善法律规范、健全制度、创新手段等方面着手，强化政府的执法监管职能，规范旅游经营者的行为，从而促进中国旅游业的持续健康发展。通过强化政府执法监管职能，约束旅游经营者行为，促进中国旅游业长足发展。[1]在旅游行业涉及的相关主体中发挥积极作用，引导利益均衡的价值取向，与旅游企业或其他经济组织有机结合，协商合作，形成既有专业化分工又相互协作的创新合作模式，协同进步。要明确自身的职权范围。面对市场秩序混乱的局面，必须通过规划、金融、价格等手段来加强对旅游的干预，以保证其供求平衡，维护好各个群体的相关利益，力求平衡双赢。尤其是面对经营权与执法监督权不相分离的状况时，要避免为追求利益与相关企业的共同谋划，纵容相关企业的不法行为，维护好消费者的合法权益，面对企业、游客、本地居民人群，应该使用经济伦理来探寻经济行为背后的道德伦理因素，从而利用这些道德伦理原则去指导和规范人们的经济行为，在价值选择面前，不要只考虑狭隘的地方效率优先，而是以“平等—协作”的思维模式，按照特定的行为准则予以调节，力求达到社会公共利益优先，社会效率价值优先，旅游业相

[1] 吴秀华．论共生伦理视域下的高校思想政治教育 [J]. 思想教育研究 ,2005(06) :25—27.

关主体关系由此形成特定的民生状态。[1] 另外，政府部门要注重旅游行业整体氛围的形成，做好本职工作，让更多部门相互联系，统一协调，形成良性互动关系，更加关注公共利益，对旅游交通、游客安全、旅游环境保护等采取有效的监管措施，出于旅游企业自身利益考虑，对社会公共环境及旅游消费者的利益造成损害的不良行为进行严厉查处，促使旅游企业经营者自觉提高旅游目的地的环境以及旅游服务质量，坚定地与破坏社会环境与损害公共利益的企业以及个人行为作斗争。

其次，旅游业政府职能模式存在政府管制、政府主导和自由组织几种，中国普遍采用的是政府主导型的发展模式。政府主导，从观念层面来说是对都市旅游发展对象行为方式的根本性变革，明确了哪些行为“不可为”与“可为”。但是，政府作为旅游行业的主导者，传统的旅游业执法监管工作大多以政府行政执法为主，旅游行政部门在公共服务等方面的作用越来越难以发挥。政府与市场并非社会的二元化要素，其同样是包含在社会系统中的两个子系统，若单纯依靠政府行政主导的作用，容易造成旅游业执法监督以政府意志为转移，滋生“长官意志”，产生一头独大的后果，若只依靠市场自发调节，面对市场失灵就容易造成市场秩序混乱的局面。随着生活水平的提高，游客要求高质量服务的意识日益增强，政府改革工作逐步进行，其他主体力量也不断壮大。仅仅依靠政府机构单独监督已无法适应中国旅游业发展的需要。因此，应当树立多元化的社会执法监督理念，从单一的政府行政执法监督向多元化的社会监督转变，加入多种监管政府行政执法行为的元素，让政府、游客、旅游企业等通过合作协商等方式实施对相关公共事务的管理。在此种多元共治理念下开展的旅游行政执法行为，不仅有利于防止执法机构及人员权力的滥用，还有利于在考虑效率的基础上使各方利益相对平衡。

最后，游客既是旅游活动的体验者，也是旅游业不良事件的直接受害者。旅游执法部门更应确立游客至上的监管理念，依据社会主义市场经济发展规律，始终把以人为本的理念贯穿旅游业发展的全过程，要积极履行服务职能，强化综合服务功能，重视综合服务的延展性和创新性，努力提高广大游客对旅游服务的满意度，尽最大努力保障消费者的旅游权利，在执法过程

[1] 王永智．人类共生主义的道德理想——兼论儒家伦理的现代价值 [J]. 陕西社会主义学院院刊 ,1996(01) :20—23.

中升华“促进”与“服务”的内涵，不断强化政府旅游公共服务职能，积极推进旅游公共服务建设，加强旅游信息公开，推动旅游市场规范有序发展，让旅游业的发展成果由人民共享，这也是旅游业可持续发展的根本保障。要贯彻好服务至上的方针，明确政府的旅游业主导地位，厘清旅游业监管各部门所要承担的责任，加快转变政府职能，真正以“服务于民”为宗旨，制定并落实好相关政策法规及发展战略，始终把公众需求放在首要位置，协调好旅游主体关系，切实维护消费者权益，使旅游业能够适应旅游需求不断增长，以及中国居民消费结构升级的趋势，真正做到以人为本。[1]

二、强化旅行社服务质量的规制

如表6-1所示，截至2024年第三季度，全国旅行社总数为60833家，同比增长3.64%，2023年度全国旅行社营业收入4442.73亿元，营业成本4205.17亿元，营业利润37.37亿元，利润总额34.82亿元，旅游业务营业收入2673.16亿元，旅游业务营业利润56.09亿元。2023年，全国旅行社入境旅游营业收入41.78亿元，出境旅游营业收入310.10亿元，入境游和出境游分别占全国旅行社旅游业务营业收入总量的1.56%和11.60%；

表6-1　中国旅行社行业经营情况（亿元）

年份	旅行社数量（家）	营业收入	营业利润	利润总额
2017	22784	2649.01	32.34	33.89
2018	23690	2871.77	22.11	21.55
2019	38943	7103.38	32.10	43.28
2020	26054	3599.14	25.43	32.72
2021	26650	1857.16	–55.34	–53.44
2022	45162	1601.56	–68.87	–58.82
2023	56275	4442.73	37.37	34.82

数据来源：文化和旅游部《全国旅行社统计调查报告（2017—2023年）》。

旅游业不仅事关地方经济发展，也是塑造地方形象的一张名片。随着旅游规模的逐渐扩大和竞争的加剧，过度竞争的现象集中发生，尽管平均利润率很低，很多企业甚至陷于赤字状态，但生产要素仍然不能从该行业退

[1] 张侠．都市旅游发展与政府职能研究[D]．武汉：华中师范大学，2009.

出，从而使低利润或亏损在该行业长期存在。对于旅游业而言，在加强和完善旅游立法的过程中，广大游客和旅游企业法治意识不断增强，在旅游市场的经营和消费中自我保护意识显著提高，游客对旅行服务质量和行程安排越发重视，通过旅游主管部门受理的旅游咨询问题数量明显增加，这对旅游执法水平提出了挑战。目前，顾客对旅行社的可靠性和保证性还是比较认同的，这从侧面说明旅行社越来越注重对承诺的实现。但是对于旅游合同等的反应一般，旅行社没有及时或拖延履行合同内容的行为时有发生，导致企业诚信缺失，这样的失信事件不仅会使游客对旅行社服务质量的满意度下降，还会使旅行社自身的形象受损，导致营业利润下降。而分析诚信事件的原因，通常是旅行社只注重营销宣传，而忽视服务，并未对顾客的实际需求进行深度挖掘，另一方面则是政府对旅行社的执法监督不严。

要强化旅行社服务质量的规制，首先就需要旅行社紧跟时代步伐作出改变。首先旅行社应结合自身实际，建立并壮大自己的品牌，树立消费者至上的理念，不断扩大企业的发展空间，增强消费者的认同感和提高对品牌的忠诚度，同时企业的管理层要积极提高自身现代化管理素质，从根本上提高旅游企业的服务质量。另外，旅游企业高质量的服务与从事旅游服务的工作人员密不可分，同时矛盾也最易激发，旅行社需要一支素质水平高、服务意识强的导游队伍，这对旅行社的长远发展、保持企业核心竞争力及旅行社服务质量的提高起着至关重要的作用，尤其是树立品牌服务形象，专业且服务优质的导游队伍能够为其增添极大助力。但是，导游培训应是长期的、渐进的、有针对性和有目的地进行，不仅要使整个导游队伍与时俱进，还要能够提供满足顾客日渐变化的个性化需求服务。对于导游的培训，一方面要注重提高导游人员的理论知识，要让每位导游尽量掌握相关理论和社会知识。另一方面，应着重培养导游的社会能力，如旅行社应该对导游的事业心、职业道德精神进行培养，对导游人际交往能力及面对挫折的处理能力进行培养等，以应对市场竞争。在市场经济条件下，充当一只灵巧的手，校正市场失灵，同时避免自身失灵。[1]

完善旅游服务质量保证制度。明确旅游服务质量保证金的用途。应根

---

[1] 薛晓宇．基于顾客满意度的旅行社服务质量提升策略研究 [D]. 成都：四川师范大学，2016.

据《中华人民共和国旅游法》第31条的规定，明确旅行社交纳的旅游服务质量保证金专用于游客损害赔偿和垫付游客人身安全遇有危险时紧急救助的费用，以切实维护游客的合法权益。优化旅游服务质量保证金的使用范围。首先，应将旅游服务质量保证金用于游客权益损害赔偿。旅游主管部门使用质量保证金的情形，主要包括以下两种：第一，旅行社违反旅游合同约定，侵害游客合法权益，经旅游主管部门查证属实的；第二，旅行社因解散、破产或者其他原因造成游客预交的旅游费用。其次，应将旅游服务质量保证金用于垫付团队游客人身安全遇到危险时紧急救助费用。因旅行社拒绝履行合同致使游客被甩团、滞留，或因不可抗力导致游客人身安全遇到危险，且旅行社拒绝或无力及时承担救助责任时，通过旅游服务质量保证金及时垫付相关费用，可以有效保障游客人身、财产安全和合法权益。紧急救助费用主要包括安排游客食宿、治疗、救援、返程等使游客脱离危险的紧急性费用。旅游主管部门在上述事件发生后，可以决定使用保证金垫付紧急救助费用。

在政府管理层面，要统筹协调旅游产业相关部门，充分发挥各部门职能优势，相互扶持、共同配合。开展旅游目的地与客源地的旅游执法质量监督联动，促进整体旅游服务质量的提升，力求对旅游产业实现全面管理，为整个行业的服务质量打下制度基础。充分发挥政府、企业、市场的协调作用，政府部门进一步简政放权，下放旅游行政管理权限，使得旅行社企业作为市场的主体，能在市场环境中按照经济规律办事，解放其在发展中的权力束缚，引导旅游业逐步朝着健康、有序、和谐的方向发展，避免恶性竞争的集中出现和“市场失灵”情况的发生。最后政府职能部门对旅游质量的监督管理，要通过质量法律法规、规章、强制性标准及有关管理制度以贯彻实施，对旅游质量的违法行为进行处罚。例如，以旅行社年检制度作为执法监督的保障性措施，对旅行社的进入和退出机制作出细致规划，提高旅行社进入和退出门槛，整体提升旅行社的行业标准，对审批中无照、超范围经营等现象责令整改，严把准入关，对不符合营业条件的责令停业，拒不遵守的，则依法取缔，绝不姑息。每个年度由具体职能部门对旅行社的整体服务质量、经营水平等方面进行考量，设立具体考核指标，根据《旅行社管理条例》及实施细则规定，旅游质监所对旅行社每年进行年度检查，利用星级在旅游市场的广告效应，给旅行社进行评星，对树立管理典范的旅行社给予各种星级奖励（如年度5星、4星、3星、2星旅行社），并通过报纸杂志、广播电视进行宣传。[1]针对旅游合同无法兑现的问题，从降低服务标准等级、擅自增减服务项目、延误或变更行程三个方面分类别建立具体行业标准，对于旅游合同欺诈等问题实行依法从严查处。加强合同履行情况的检查，严厉查处增加合同约定之外的各类有偿服务等违规违法行为，打击合同欺诈。[2]严厉打击旅游经营活动中的违法违规行为。对旅行社服务质量的规制，应从旅行社本身和执法部门两方面入手，自我改变与执法监督双管齐下，坚持伦理化管理，相互配合，共同前进，有利于二者实现“共赢共生”。

强化旅行社服务质量规制应做到事前、事中、事后规制。事前规制方面，首先，要确保旅行社为游客安排或者介绍的旅游活动符合国家法律、法规，确保旅行社与游客、组团社签订旅游合同并载明真实、准确、完整的具体服务信息。其次，在产品宣传方面，要从源头和起点入手加强宣传引导和信息服务，让游客掌握旅游的基本性质与特征和有关旅游产品、价格的信息，重视品牌和质量。再次，要严格查处违法旅游推销活动及虚假旅游广告的散发宣传。事中规制包括服务质量标准规制和强制信息披露规制。在服务质量标准规制方面，要大力推进标准化建设，促进旅行社经营规范化和从业人员服务标准化、个性化。建立质量认证和质量公告制度，制定标准来划分等级，定期发布旅行社服务信息公告，使游客可以对旅行社及其从业人员的服务质量进行直观识别，减少信息不对称的发生。实行统一的旅游合同管理制度，统一的行程表管理制度，统一的景区、购物点、旅游饭店、旅游餐饮点等行业标准和推荐制度，统一的旅行社、导游人员一体化管理制度，实行行业等级或星级管理制度，旅游产品目录管理制度。相关旅游行政管理部门应对旅行社经营、导游人员带团进行不定期、不定时检查，及时制止“逆向选择”和“道德风险”的发生。事后规制包括监督规制和责任规制。在监督规制方面，要检查旅游景区、购物点、餐饮点、星级饭店明码标价行为是否合法规范；检查景区、购物点、餐饮点与旅行社的接待合同，旅游接待价格和佣金支付比例是否符合规定；检查旅游景区、购物点、餐饮点的会计、财务凭证，是否存在账外支付旅行社、导游人员、旅游车司机回扣等行为；检

---

[1] 马旻．目的地旅游质量监督管理标准化研究 [D]. 桂林：广西师范大学 ,2012.
[2] 于彦秋．中国旅游业政府监管问题研究 [D]. 哈尔滨：黑龙江大学 ,2018.

查旅行社是否有向下游企业非法转嫁经营风险、索要收取除合法佣金外的回扣等行为；检查旅行社团队业务档案和财务凭证是否相符，收支是否相符；检查旅行社是否收取或变相收取导游人员“人头费”“管理费”“押金”等不合理费用，是否存在导游人员垫付团款或拖欠导游人员劳动报酬的行为。在责任规制方面，应联合法制、监察、物价、工商、质量技术监督、人事保障、交通、税务等部门共同抓好市场整顿工作。

三、健全旅游投诉“诉转案”机制

旅游投诉作为游客维护自身权益最常见的方式，其与旅游活动的开展密切相关，但是近些年旅游投诉的数量仍然只增不减，对旅游投诉的处理是我们亟须解决的问题。如何在当下有效地解决层出不穷的旅游纠纷，需要从实践中对旅游投诉制度加以改进，不断健全旅游投诉“诉转案”机制，可从以下几个方面入手。

（一）完善旅游投诉行政调解机制

中国法律规定旅游投诉实行调解制度，即行政调解。旅游行政管理机构进行调解后，纠纷双方当事人达成合意，签订调解协议。首先要解决的是旅游投诉中调解程序的问题。将旅游投诉中的程序进行规范，就保证了程序的正当性，因为程序正当在一定程度上保证了结果的公正性。[1]具体来说，完善旅游投诉中的调解程序，一是完善调解中的材料审查程序。旅游纠纷双方当事人通过调解达成合意，并提交有关纠纷事项的材料给旅游投诉处理机构，旅游投诉处理机构受理后，对材料进行审查，核对真实性和正当性，对不符合真实性和正当性的必要材料，通知双方当事人，要求他们在规定的时间内补交材料。二是完善调解程序的规定。接到旅游投诉的旅游投诉处理机构对达成合意的纠纷双方当事人进行旅游行政调解，并及时成立一个针对性的调解小组，之后先由纠纷双方当事人分别陈述案件事实，调解小组根据双方当事人对其利益需求的表达以及双方提供的证据材料等对双方进行劝说调解。三是完善对调解期限的规定。要充分发挥旅游投诉处理机制的时效

[1] 谢伟华．旅游投诉处理机制研究——以投诉转诉讼案件为切入点 [D]. 南宁：广西民族大学，2018.

优势，应提高调解的效率。在实践中，旅游投诉处理机构在法律规定的时间内，根据案件的不同复杂程度，适当地调整终结调解程序，将灵活性与法定性相结合。四是赋予旅游调解协议诉讼法效力。调解协议的诉讼法效力，即调解协议的强制执行力，只有经有权机关按法定程序赋予或确认后方可获得。为此，我们可以借鉴最高人民法院关于审理涉及人民调解协议的民事案件的若干规定（第 10 条）和最高人民法院关于人民调解协议司法确认后程序的若干规定（第 9 条）的规定，由当事人向公证机关或者人民法院提出赋予调解协议强制执行效力的申请，在公证机关或法院对协议进行实质性审查的基础上，如协议同时满足实体法和程序法的要件，公证机关或法院即可赋予协议强制执行的效力。[1] 其中，经法院审查认可的调解协议因司法的最终确认，获得与法院判决相似的法律效力，此种效力的取得是以申请人对纠纷另行起诉权的放弃为前提的。从此种意义上而言，投诉作为一种纠纷解决机制，具有自身解纷的确定力和强制执行力可以使旅游纠纷彻底解决。

（二）适当扩大旅游投诉的受理范围

中国《旅游投诉处理办法》第 8 条规定了旅游投诉的受理范围，但实际上，旅游纠纷的范围比旅游投诉法律上规定的受理范围要大。中国可以参考国外的经验，适当扩大旅游投诉的受理范围。首先，只要游客在旅游过程中碰到旅游纠纷就可以自愿选择旅游投诉。但是将旅游投诉受理范围如此扩大，有学者担心会造成部分游客过度维权，实际上旅游投诉处理机构还要审查是否受理，如果是游客无理取闹，旅游投诉处理机构完全可以不予受理。[2] 其次，如何妥善处理旅行社之间的纠纷，完善对新兴旅游经营者的管理，也是旅游管理部门应该着重考虑的问题。现在的旅游投诉处理办法没有为旅行社间的纠纷来提供解决办法，旅行社无法直接向旅游投诉处理机构进行投诉，一般是通过诉讼来解决纠纷。[3] 其实可以通过行政调解来解决旅行社间的部分纠纷，对于一些旅游投诉处理机构无法处理的金额较大的旅行社间的

---

[1] 陈伟．论中国消费纠纷调解机制的完善 [J]. 重庆科技学院学报 ,2010:26.

[2] 谢伟华．旅游投诉处理机制研究——以投诉转诉讼案件为切入点 [D]. 南宁：广西民族大学 ,2018.

[3] 安晨曦．论中国旅游投诉解决机制及其完善——以非诉讼纠纷解决方式为视角 [J]. 安徽农业大学学报（社会科学版）,2012,21(04) :63—69.

纠纷，通过诉讼程序来解决。游客对景区等不满需要进行旅游投诉时，因其中涉及价格、治安、保险等不同部门的问题，需要由旅游行政管理部门收集旅游投诉的相关信息，将旅游投诉分给有不同管理权限的部门转办处理，使涉及新兴的旅游经营者的旅游纠纷投诉均能找到其负责部门依法依规协调处理。最后，从目前国际社会的发展趋势来看，将精神损害列入旅游损害赔偿范畴已被大多数国家认可。为此，建议中国也将其纳入旅游投诉处理的受理范围。[1]

（三）增加被投诉成本，旅游投诉案件进行信息公开

每次旅游投诉案件处理完成后，常常出现其他游客对相同旅游经营者的不满，原因是相同的投诉理由总是得到经营者相同或类似的敷衍答复，游客对处理结果不满意进行投诉。究其根本，是因为旅游经营者违信时所需付出的代价与其因此所得利益不成正比。为此，就需要提高旅游经营者的失信成本，构建一个全国性的旅游案件信息公开平台，并与旅游投诉平台挂钩，以规范旅游市场降低旅游纠纷的发生率为宗旨，案件信息公开的内容应包括被投诉人、投诉事由和处理结果，对于投诉人信息，因涉及个人隐私内容，应当由投诉人自己选择是否公开。根据行政区划的标准来分块公布某区域内的旅游投诉情况，每一季度公布一次，继而平台还会对这些旅游投诉的情况进行数据分析，对哪些地区和哪些旅游经营者被投诉的次数进行统计，这就可以为游客出游时选择旅游经营者提供数据材料参考。在诚信黑名单之列的旅游经营者就需要努力提高自己的旅游服务质量，最终减少旅游纠纷，降低旅游投诉次数。案件信息公开也要注意个人隐私的保护，当信息公开和个人隐私保护不可避免地出现矛盾时，必须注意以下几点：一是明确政府信息公开中个人信息征集和使用的程序。二是划清政府信息公开和个人隐私权的界限。三是加强政府信息公开的安全建设。归结到旅游投诉案件信息公开制度中，根据以上原则，凡是涉及公民个人隐私的，可以由投诉者本人提出部分公开案件信息或者完全不公开案件信息，也可以由旅游投诉管理部门根据案件情况来决定。但是案件的处理结果必须是公开的。

---

[1] 夏雨．跨国旅游服务纠纷解决机制研究 [M]. 北京：中国社会科学出版社，2012.

四、发挥旅游警察在旅游执法中的特殊作用

对于旅游警察制度处于起步阶段，根据中国旅游警察的发展历程可以看出旅游警察有两种模式："杭州模式"和"三亚模式"。2006年杭州西湖风景名胜区公安分局在国内首次正式提出"旅游警察"这一概念，其职责主要是打击景区内的违法犯罪行为、为旅客提供帮助等，与传统治安警察或刑事警察并无大异，只是在一定的地域内综合了警察的职责，且西湖分局所有警察不分警种全部是旅游警察。2015年10月，三亚市公安局正式成立旅游警察支队，这支队伍以治理景区内宰客、诈骗等现象，接受受理游客投诉为主要职责，偏重维护景区秩序。三亚市公安局为了做好旅游警察工作，专门成立了一个新的警种，有专门的人员和专项经费。[1]与"杭州模式"相比，"三亚模式"对旅游警察这一概念，特别是三亚旅游警察的设立，打破了旅游监管"九龙治水"的困局，提升了三亚旅游市场治理的管理水平，着力构建了和谐稳定的三亚旅游市场秩序。同时，旅游警察与旅游巡回法庭和旅游纠纷人民调解委员会，共同完善了三亚旅游治理体系，率先在全国建立了旅游纠纷大调解体系。[2]

中国旅游警察的设置主要是借鉴国外旅游警察管理的经验，现有的旅游警察在职能、权责方面都不相同，在实际工作中，因为执法权限未得到法律的明确授权，旅游警察经常受到游客及部分旅游行业经营者的质疑。除此之外，由于中国旅游警察设立的时间较短，并未形成完善的管理系统，旅游警察存在的这些问题，均对旅游市场全面、有效的监管增加了难度，想要发挥旅游警察的特殊作用，首先就必须处理好上文提到的现有旅游警察制度存在的一些问题。职权配备是旅游警察执法模式构建的根本问题。旅游警察的职权配备要根据其工作性质进行基本的职权定位。作为一个特殊的警种，具体而言应包括：执行国家及地方各级人大、政府颁布实施的涉及旅游管理的法律法规、规章及其他规范性文件；打击和遏制旅游市场的违法犯罪活动；调解处理与旅游相关的民事纠纷。协助并保证旅游管理工作人员的正常工作和安全，维护旅游执法秩序；侦办以暴力、威胁方法阻碍相关旅游管理部

[1] 李瑶，李慕肃．论中国旅游投诉案件信息公开制度 [J]. 法制博览（中旬刊），2013(11)．
[2] 木须虫．旅游执法还需不断完善 [N]. 中国旅游报，2015-10-28(004)．

门工作人员依法执行公务的案件；组织和协调各旅游管理部门做好旅游方面的基础性工作；收集、处理涉及旅游各部门的情报信息；等等。由于中国的旅游管理统管部门和分管部门在地位上是等同的，这就造成了旅游警察和其他分管部门在执法时出现管辖范围的争议，执法矛盾和责任推诿等现象时常发生。[1] 因此，旅游警察需要加强与工商部门等相关政府部门的联络与协调，争取在行动上达成一致，努力构建与各相关政府部门齐抓共管、协商合作、联合执法的旅游执法联席会议工作制度。

探索新型警务模式。旅游警察应推进警务模式改革，探索符合国情的旅游警务模式。旅游警察不仅担负着维护景区良好治安秩序的职责，还肩负着打击旅游违法犯罪行为的重要职能，因此需要改革当前旅游警察被动防御式警务模式，变被动为主动，树立主动警务导向。

一方面，完善与其他政府部门的联动执法机制。进一步研究针对当前旅游市场突出问题的适用性法律法规，构建旅游警察与旅游行政执法队伍的协作模式，完善旅游市场联合执法、信息交换等工作协调机制，积极推进旅游警察队伍参与旅游市场检查与专项整治工作，以发挥旅游警察队伍在旅游执法中的特殊效能。

另一方面，职权法定也是旅游警察在执法过程中的重中之重。在中国法治建设进程中，旅游警察作为执法主体，其职权来源、执法依据、执法措施等内容必须具有权威且明确的法律依据。也就是说，法律要严格把握旅游警察的职权划分和权力行使过程。所以需要加快制定或者修改、完善与旅游警察相关的法律法规，以及规章制度，将旅游警察的职责与权限、机构设立与运行制度、执法管理程序等具体内容通过法律法规的形式明确，突出旅游警察的执法操作细节，这样才能保证旅游警察执法的合法性和合理性。[2]

对于管理体制的问题，首先，相关制度要符合旅游警察的性质特点，即具有武装性质的治安行政力量和刑事司法力量，这是人民警察的性质，当然也是旅游警察的基本性质，在此基础上，旅游警察还具有服务性的特点。不能一味地追求旅游警察的阶级性，不但不会对旅游业产生促进作用，相反有可能因为严格的执法使游客望而却步，降低景区的收入。如果放弃旅游警察

---

❶ 郝婧羽 . 中国旅游警察制度研究 [J]. 辽宁警察学院学报 ,2018,20(04) :64—69.
❷ 三亚全国首设旅游警察 [J]. 领导决策信息 ,2016(9) :22—23.

的武装性，那就不能维护好景区的秩序，也不能切实保护游客的人身财产安全，达不到设置旅游警察的目的。在建立、完善旅游警察制度时，要充分考虑如何兼顾阶级性与服务性，使两者不发生冲突，既要做到对游客态度温和、热心服务，保护游客权益，也要对违法犯罪分子依法惩治。其次，强化分级领导管理，在政府部门统一管理下，再进行分级管理。但这种管理制度极易产生地方主义的弊端。旅游警察设立的目的是提高旅游市场监管效率，完善监管制度，在人员配置和物资供给上应该实行以垂直管理制度为主的管理模式，旅游警察上下级垂直领导是警察部门的集权，可以实现上级旅游警察对下级旅游警察的直接指挥领导，节约成本，提高效率，达到旅游警察执法高效的目的。[1]对集权环境造成的积极性降低的情况，还应合理确定、强化上下级旅游警察的领导关系，上级领导对于人员、经费、装备等进行整体把控集权，合理分配，并设置单独的管理部门，实现职能、职权的相对独立。最后，对于旅游警察，保障体系的质量直接决定了旅游警察的工作质量和旅游业的发展情况，保障体系中最重要的除了法律保障还有至关重要的经济保障。[2]我们可以根据警察机构设立的旅游警察职能分配标准，确定其经费需求，做到职能分配与经费分配的统一，建立旅游警察经费最低保障机制，上级公安机关、财政部门、旅游部门应当依照国家预算法制定相关经费保障体系，在严格科学控制预算的基础上，保障旅游警察工作经费的正常需求，要严格控制内部经费。[3]财政部门应针对不同地区的发展状况，按照基本可以完成工资、办案两项任务为标准进行经费管理，制定实际工作中的各项经费支出标准，进行定期大额补助，以保证旅游警察部门工作的正常运转。[4]

---

❶ 黄天饶．中国旅游警察执法模式初探 [J]. 北京警察学院学报 ,2018(04) :68—73.
❷ 王亦晴．旅游警察：三亚文明的守护者 [J]. 今日海南 , 2016(3) :54—56.
❸ 郝婧羽．中国旅游警察制度研究 [J]. 辽宁警察学院学报 ,2018,20(04) :64—69.
❹ 李帅．中国旅游警察制度研究 [D]. 桂林：广西师范大学 ,2017.

参考文献

著作类:

[1] [日] 尾关周二 . 共生的理想——现代交往与共生、共同的理想 [M]. 卞崇道 , 刘荣 , 周秀静 , 译 . 北京 : 中央编译出版社 ,1996.

[2] [美] 克莱尔 · A · 冈恩 , 特格特 . 瓦尔 . 旅游规划 : 理论与案例 [M]. 吴冬青 , 党宁 , 吴必虎 , 等译 . 大连 : 东北财经大学出版社 ,2005.

[3] [德] 迪特尔 · 梅迪库斯 . 德国民法总论 [M]. 邵建东译 . 北京 : 法律出版社 ,2000.

[4] [德] 迪特儿 · 施瓦布 . 民法导论 [M] 郑冲 , 译 . 法律出版社 ,2006.

[5] [德] 齐佩利乌斯 . 法学方法论 [M]. 金振豹 , 译 . 北京 : 法律出版社 ,2009.

[6] [德] 卡尔 · 拉伦茨. 法学方法论 [M]. 陈爱娥 , 译 . 北京 : 商务印书馆 ,2003.

[7] [荷] 杰克 · J · 弗罗门 . 经济演化——探究新制度经济学的理论基础 [M]. 李振明 , 刘杜建 , 齐柳明 , 译 . 北京 : 经济科学出版社 ,2003.

[8] 陈秋玲 . 走向共生 . 基于共生关系的开发区发展路径依赖 [M]. 北京 : 经济管理出版社 ,2007.

[9] 胡守钧 . 社会共生论 [M]. 上海 : 复旦大学出版社 ,2006.

[10] 袁纯清 . 共生理论——兼论小型经济 [M]. 北京 : 经济科学出版社 ,1998.

[11] 闻银玲 , 等 . 涉外旅游法律问题研究 [M]. 上海 : 上海财经大学出版社 ,2014.

[12] 杨富斌 , 等 . 西方国家旅游法律法规汇编 [M]. 北京 : 社会科学文献出版社 ,2005.

[13] 杨富斌 . 中国旅游法判例精解 [M]. 北京 : 旅游教育出版社 ,2018.

[14] 张艳敏 , 等 . 旅游格式合同法律问题研究 [M]. 北京 : 中国经济出版

社 ,2015.

[15] 夏雨 . 跨国旅游服务纠纷解决机制研究 [M]. 北京 : 旅游教育出版社 ,2012.

[16] 刘希玲 . 中外旅游管理模式比较 [M]. 北京 : 中国旅游出版社 ,2015.

[17] 苏永钦 . 民事立法与公私法的接轨 [M]. 北京 : 北京大学出版社 ,2005.

[18] 杨桂华 , 张志勇 , 徐永红 . 生态旅游案例研究 [M]. 天津 : 南开大学出版社 ,2004.

[19] 李昌麒 , 许明月 . 消费者保护法 (第 2 版)[M]. 北京 : 法律出版社 ,2005.

[20] 杨紫煊 . 经济法 (第四版) [M]. 北京 : 北京大学出版社 ,2004.

[21] 李昌麒 , 卢代富 . 经济法学 [M]. 厦门 : 厦门大学出版社 ,2010.

[22] 郑冲 , 贾红梅 . 德国民法典 [M]. 北京 : 法律出版社 ,2000.

[23] 朱晓勤 . 发展中国家与 WTO 法律制度研究 [M]. 北京 : 北京大学出版社 ,2006.

[24] 钟林生 , 郑群明 , 刘敏 . 世界生态旅游地理 [M]. 北京 : 中国林业出版社 ,2006.

期刊类：

[1] 孙启明 , 方和远 . 经济全球化背景下旅游国际化发展路径研究 [J]. 理论学刊 ,2019(02) :63—70.

[2] 邓婷婷 , 马春雪 . 新区域主义视角下“一带一路”的合作机制研究 [J]. 时代法学 ,2017,15(04) :59—69.

[3] 于占国 . 中国旅游法律制度的现状与完善 [J]. 旅游纵览 (下半月),2015(12) :46.

[4] 马宏宇 . 关于旅游软环境建设的思考 [J]. 辽宁行政学院学报 ,2013,15(06) :160—162+165.

[5] 吴世韶 . 中国—东盟次区域经济合作机制的现状与展望 [J]. 社会主义研究 ,2011(05) :127—133.

[6] 蒋瑛 , 郭玉华 . 区域合作的机制与政策选择 [J]. 江汉论坛 ,2011(02) :25—28.

[7] 边永民 . 大湄公河次区域环境合作的法律制度评论 [J]. 政法论坛 ,2010,28(04) :147—153.

[8] 余凤龙，陆林．制度变迁下的中国区域旅游发展与差异研究 [J]. 人文地理，2010,25（03）:124—127.

[9] 汤敏．成长三角区在亚太地区的发展及对中国的启示 [J]. 太平洋学报，1995（02）:118—125.

[10] 李乾．论行业协会的法律地位 [J]. 法制与社会，2011（01）:196—200.

[11] 朱生东．基于共生理论的古村落遗产旅游整体开发模式研究——以西递为例 [J]. 中南林业科技大学学报（社会科学版），2015,9（04）:33—37+43.

[12] 吴泓，顾朝林．基于共生理论的区域旅游竞合研究——以淮海经济区为例 [J]. 经济地理，2004,24（1）:104—109.

[13] 王维艳，林锦屏，沈琼．跨界民族文化景区核心利益相关者的共生整合机制 [J]. 地理研究，2007,26（4）:673—684.

[14] 申秀英，卜华白．中国古村落旅游企业的“共生进化”研究——基于共生理论的一种分析 [J]. 经济地理，2006,26（2）:322—325.

[15] 韩芳，帕尔哈提・艾孜木．基于共生理论的区域旅游资源整合的动力机制研究——以南疆五地州旅游资源整合为例 [J]. 新疆师范大学学报：自然科学版，2006,25（3）:255—258.

[16] 姚辉．民法适用中的价值判断 [J]. 中国法律评论，2019（03）:93—112.

[17] 杨富斌．旅游法的十大制度创新 [J]. 法学杂志，2013,34（10）:19—28.

[18] 莫凌侠．旅游行政执法问题与对策研究 [J]. 法制与社会，2016（20）.

[19] 乐山旅游市场执法问题研究课题组，沈建军．旅游市场综合监管法律问题研究 [J]. 中共乐山市委党校学报，2017（06）:62—66.

[20] 李抗美．关于经济和伦理共生点的思考 [J]. 哲学动态，1995(11):26—28.

[21] 云南旅游乱象，政府早该亮剑 [J]. 领导决策信息，2017（9）:17.

[22] 王佳翔．现代企业经营伦理：寻求企业利润与伦理“共赢共生”[J]. 宁波广播电视大学学报，2012（06）:23.

[23] 吴秀华．论共生伦理视域下的高校思想政治教育 [J]. 思想教育研究，2005（06）:25—27.

[24] 李如，楼何超．旅游区域行政执法困境与策略研究 [J]. 旅游纵览（下

半月）,2018(08）:71.

[25] 宋晓辉，刘敏．中国“旅游警察”制度建设探析 [J]. 云南警官学院学报，2016(01）:59—64.

[26] 王永智．人类共生主义的道德理想——兼论儒家伦理的现代价值 [J]. 陕西社会主义学院院刊，1996(01）:20—23.

论文类：

[1] 余凤龙．制度变迁的旅游发展效应研究 [D]. 芜湖：安徽师范大学，2006.

[2] 范丽娟．旅游行业协会市场服务功能研究 [D]. 南昌：南昌大学，2014.

[3] 张育绚．中国旅游生态环境保护法律问题研究 [D]. 太原：山西财经大学，2006.

[4] 王灿邑．论中国旅游市场的行政监管 [D]. 长春：长春理工大学，2014.

[5] 张颖超．中国旅游业行政监管研究 [D]. 北京：中国地质大学，2015.

[6] 赵颂强．云南省旅游行政综合执法研究 [D]. 昆明：云南大学，2015.

[7] 孙京祥．海南旅游综合执法研究 [D]. 海口：海南大学，2017.

[8] 于彦秋．中国旅游业政府监管问题研究 [D]. 哈尔滨：黑龙江大学，2018.

[9] 舒爱华．中国生态旅游行政执法的法律问题及对策研究 [D]. 湘潭：湘潭大学，2009.

[10] 孙京祥．海南旅游综合执法研究 [D]. 海口：海南大学，2017.

[11] 舒爱华．中国生态旅游行政执法的法律问题及对策研究 [D]. 湘潭：湘潭大学，2009.

[12] 谢伟华．旅游投诉处理机制研究——以投诉转诉讼案件为切入点 [D]. 南宁：广西民族大学，2018.

[13] 张侠．都市旅游发展与政府职能研究 [D]. 武汉：华中师范大学，2009.

[14] 马旻．目的地旅游质量监督管理标准化研究 [D]. 桂林：广西师范大学，2012.

[15] 于彦秋．中国旅游业政府监管问题研究 [D]. 哈尔滨：黑龙江大学，2018.

[16] 李帅．中国旅游警察制度研究 [D]. 桂林：广西师范大学，2017.

[17] 刘丽．中国国家生态补偿机制研究 [D]. 青岛：青岛大学，2010.

[18] 张一群 . 云南保护地旅游生态补偿研究 [D]. 昆明 : 云南大学 ,2015.

[19] 地力娜尔·君马克 . 中国与中亚国家区域旅游合作法律保障问题研究 [D]. 乌鲁木齐 : 新疆大学 ,2010.

[20] 夏雨 . 跨国旅游服务纠纷解决机制研究 [D]. 武汉 : 武汉大学 ,2010.